爱眉小札

徐志摩作品集

XU ZHI MO ZUO PIN JI

徐志摩 ◎ 著

吉林出版集团股份有限公司

图书在版编目（CIP）数据

爱眉小札/徐志摩著.—长春：吉林出版集团股份有限公司, 2017.6（2021.5 重印）

（昨日芳菲：近现代名家经典作品丛刊/杜贞霞主编）

ISBN 978-7-5581-2725-0

Ⅰ.①爱… Ⅱ.①徐… Ⅲ.①徐志摩（1896-1931）—书信集 Ⅳ.① K825.6

中国版本图书馆 CIP 数据核字（2017）第 130490 号

爱眉小札

著　　者	徐志摩
策划编辑	杜贞霞
责任编辑	齐　琳　史俊南
封面设计	老　刀
开　　本	650mm×960mm　1/16
字　　数	200 千字
印　　张	15
版　　次	2017 年 10 月第 1 版
印　　次	2021 年 5 月第 2 次印刷

出　　版	吉林出版集团股份有限公司
电　　话	总编办：010-63109269
	发行部：010-69584388
印　　刷	三河市京兰印务有限公司

ISBN 978-7-5581-2725-0　　　　定价：42.80 元

版权所有　侵权必究

目 录

书 信

致双亲 …………………………………………… 3
致张幼仪 ………………………………………… 8
致岳母 …………………………………………… 10
致蒋慰堂 ………………………………………… 11
致梁启超 ………………………………………… 13
致李济 …………………………………………… 15
致胡适 …………………………………………… 18
致成仿吾 ………………………………………… 53
致赵景深 ………………………………………… 55
致张友鸾 ………………………………………… 56
致陈西滢 ………………………………………… 57
致林徽因 ………………………………………… 59
致凌叔华 ………………………………………… 62
致刘海粟 ………………………………………… 75
致周作人 ………………………………………… 88
致张慰慈 ………………………………………… 92

致钟天心	96
致瞿菊农	97
致郭子雄	98
致章士钊	100
致邵洵美	101
致梁实秋	102
致邢云飞	106
致万维超	108
致何家槐	109
致舒新城	110
致蹇季常	111
致郭有守	112
致赵家璧	114
致钱芥尘	116
致曹葆华	118
致傅斯年	120
致卞之琳	121
致李惟建	123
致杨杏佛	124
致郁达夫	125
致陆小曼	126

日 记

西湖记	175
爱眉小札	191
眉轩琐语	226

书 信

Shu Xin

致双亲

一九二〇年十一月二十六日

父母亲大人膝下：

儿自离纽约以来，过二月矣。除与家中通电一次外，未尝得一纸消息，儿不见大人亲笔恐有年矣。儿海外留学，只影孤身，孺慕之私，不俟罄述。大人爱儿岂不思有以慰儿邪？上次崇庆弟来书，言已作一长书万余言，其中母亲属笔者甚多，不久即寄。儿闻信欣喜可知。然时阅四月，信犹未来。以近世交通之便，以家人爱情之切，而音信难通如此，亦可异也。从前鈖媳尚不时有短简为慰，比自发心游欧以来，竟亦不复作书。儿实可怜，大人知否？即今鈖媳出来事，虽蒙大人慨诺，犹不知何日能来？张奚若言犹在耳。以彼血性，奈何以风波生怯，况冬渡重洋，又极安便哉。如此信到家时，犹未有解决，望大人更以儿意小助奚若，儿切盼其来，非徒为儿媳计也。国内刀兵灾疠，闻之伤心，吾浙亦闻有水患，不知今如何矣。欢儿乐否，转瞬三足岁矣！[以后吾家小儿计年，务按阳历算实年，譬如人问欢几岁，答以两岁半（现在十一月）。旧办法实在不通，改良为是。] 儿他日归，欢儿不识父矣！即乃父亦不知阿儿何若，虽见照片，不足凭也。最好盼鈖媳能将欢儿一日自朝至暮行为说话，一起记下，寄我读之则可知儿性气智慧之梗概矣！外祖父今在吾家否？乐否？儿良欲慰老人而无如何，儿不久即寄一相片与老人以慰之，望为儿言愿大人安乐。祖母大人不尝望儿归乎？今知儿又不归，得毋不乐？然幸大人为儿慰祖母曰儿既跋涉海外，必不可功弃一篑，如学不成器，儿亦无颜见家长父老。儿爱祖母非言语可宣，儿愿与老人共品清茶，儿愿坐老人怀听讲长毛故事。儿愿讲外国故事逗老人大笑，老人必喜听外国鬼子家庭社会情状，种种天伦乐事，将来儿归日当痛一畅叙，大人当知儿知识许有长进，儿烂漫天真依然无改，此亦儿独具之德，而大人所当欣宠者也。儿近日亦口念蒋姑丈，儿看外国社会事物多，愈觉如蒋姑丈之霭然君子为难能可贵，儿甚愿以年来管见所及，与姑丈共商榷之。儿迁居事，恐已于上信中述及，总之儿现居宽静自由，儿甚喜之。更有一事为大人所乐闻者，即儿自到伦敦以来，顿觉性灵益发开展，求学兴味益深，庶几有成，其在此乎？儿尤喜与英国名士交接，得益倍蓰，真所谓学不完的聪明。儿过一年始觉一年之过法不妥，以前初到美国，回首从前教育如腐朽，到纽约后，回首第一年如虚度。今复悔去年之未算用，大概下半年又是一种进步之表现，要可喜也。伦敦天气也不十分坏，就是物质方面不及美国远甚，如儿住处尚是煤气灯而非电灯，更无热水管，烧煤而已，然儿安之。专此。愿大人万福金安。

　　　　　　　　　　　　　儿又申谨禀　十一月廿六日
书画出来盼甚。

一九二七年八月一日

爱妈膝下：

爸爸昨天来，带来雪团潘园，皆甚好吃，尤以潘园多年未吃得，更觉有味。不知还有否？爸爸说，妈前晚因鼠子闹，不曾睡好，昨早上有些气喘，不知已平复否？为念。幼仪昨天见她也病了多日，但我病得更乏，至今犹未开胃，吃食即反呕，喉间隔住，难受之至。妈要吃水蜜桃否？耑此，敬叩金安。

儿摩叩禀　八月一日

一九二八年十二月十六日

爱亲膝下：

方才便道到甡源见省三先生，谈及伯父病，据云近日仍不见好，更令切念，爸爸返硖后情形如何，不曾得知。前函诸针药并用，不知伯父以为然否？张医药究对路否？此间中西医谈及意见亦各不一致，然于痢疾用针，则都无异议，最近情形至盼崇弟或六弟便函见告。儿本定今日一早去苏州女子中学讲演，惟彭春今日由津到申，即转轮去美，必须一见，故又临时发电改期，明日再去。妈近日福体如何？前十日较前大佳，儿心欣慰何可言喻，至盼当此冬令继续进补，得效当不少也。十九日张相生六十做寿，即须送礼，盼即带出一缎幛来，金字我去做。专此敬颂福安！

儿摩禀上　十二月十六日

一九二九年九月二十六日

我至爱爸妈膝下：

　　自爱亲回硖后，儿因看妈上车时衰弱情状，心中甚为难过，无时不在念中。惟此星期预备上课，往来宁沪，迄未得暇，不曾修禀问候，不知妈到家后精神有见好否？今日在大马路遇见幼仪与朱太太买物，说起爸爸来信言，妈心感不快，常自悲泣，身体亦不见健。儿当时觉得十分难受，明知爱亲常常不乐，半为儿不孝，不能顺从爱亲意念所至。妈身体孱弱至此，儿亦不能精尽奉养之职。即如今日闻幼仪言后，何尝不想立刻回硖省候，但转念学校功课繁重，又是初初开学，未便请假，因此甚感两难。妈亦是明白人，其实何必不看开些，何必自苦如此。妈想，妈若不乐，爸爸在家当然亦不能自得，儿在外闻知，亦不禁心悬两地，不能尽心教书。即幼仪亦言回家去，只见到忧愁，听到忧愁，实在有些怕去。如此一来，岂非一家人都不得安宁，有何乐趣？其实天下事全在各人如何看法，绝对满意事，是不可能的。做人只能随时譬解，自寻快乐。即如我家情形，不能骨肉常时团聚，自是一憾。但现在时代不同，往时大家庭办法决不可能。既然如此，彼此自然只能退一步想。儿虽不孝，爱亲一样有儿有孙有女。况只要爱亲不嫌，一家仍可时常相处。儿最引以为虑的，是妈妈的身体。我与幼仪一样思想，只求妈能看开些，决心养好身体，只要精神一健，肝肠自然平顺，看事情亦可从好处着想。爸爸本性是爱热闹豁达大度的，自无问题。我等亦能安命，无所怨尤，岂非一家和顺，人人可以快乐安慰？妈总要这样想想才好。先前的理想现已不可能，当然只能放开。好在目前情形，并不过

致双亲

于不堪,妈又何必执意悲观,结果一家人都不愉快,有何好处?儿拙于口才,每次见妈,多所抱怨,又不容置辩,只能缄默,万分无奈,姑且再写此信去劝妈妈,万事总当从亮处看,一家康宁和顺,已是幸福,理想是做不到的。妈能听儿解劝,则第一要事就该自己当心养息。儿等在外做事,但盼家信来说爱亲身体安健,心怀舒畅。如得消息不安或不快,则儿等立即感受忧愁,不能安心做事矣。此点儿反覆申说,纯出至诚,尚望爸爸再以此向妈疏说,同意好好看顾妈心,说说笑笑。硖居如闷,最好仍来上海。能来儿处最佳,否则幼仪处亦好。儿懒惰半年多,忽然忙碌,不免感劳,但亦无可如何也。星一去南京,昨晚回来,光华每日有课,下星一仍赴宁。耑此敬叩金安。

儿摩叩禀,小曼叩安 九月廿六日

致张幼仪

一九二二年三月×日（片段）

故转夜为日，转地狱为天堂，直指顾间事矣。……真生命必自奋斗自求得来，真幸福亦必自奋斗自求得来，真恋爱亦必自奋斗自求得来！彼此前途无限……彼此有改良社会之心，彼此有造福人类之心，其先自作榜样，勇决智断，彼此尊重人格，自由离婚，止绝苦痛，始兆幸福，皆在此矣。

一九二六年十二月十四日

幼仪：

爸爸来，知道你们都好，尤其是欢进步得快，欣慰得很。你们那一小家虽是新组织，听来倒是热闹而且有精神，我们避难人听了十分羡慕。你的信收到，万分感谢你。幼仪，妈在你那里各事都舒适，比在家里还好些，真的，年内还不如晋京的好，一则路上不便，二则回来还不免时时提心吊胆。我们不瞒你说，早想

致张幼仪

回京。只是走不动,没有办法。我们在上海的生活是无可说的,第一是曼因母亲行后就病,直到今天还不见好,我也闷得慌,破客栈里困守着,还有什么生活可言。日内搬去宋春舫家,梅白格路六四三号,总可以舒泰些。

阿欢的字真有进步,他的自治力尤其可惊,我老子自愧不如也!丽琳寄一笔杆来"钝"我,但我还不动手,她一定骂我了!

老八生活如何,盼通信。此候

炉安。

志摩 十二月十四日

致岳母

一九三一年三月十九日

娘：

　　你好吗？我每天想起你，虽则不曾单独写信，但给小曼信想可见到。今晚本想正式写给娘一封，让娘也好架起老花眼镜看看信。但不想小曼的信一写写了老长，现在手酸神困，实在坐不住了。好在小曼的信，娘一样看。我身体好，只是想家，放心不下。敬叩

　　金安。

儿　摩　三月十九日同寄

致蒋慰堂

一九二八年二月中旬

慰堂足下：

得书至喜，坐汽车诚有其事，舒服等情亦无可饰辩。但所以置车者，实为光华东吴每日有课，一在极西，一在极东，设如奔波，隆冬奈何，为此小曼坚持毁"饰"乘舆，敬为足下一陈其详焉。但居今之上海实不可无车，适之首创此说。置辇亦既成议，所以迟迟者，圣人有心北返耳。此外穷教授如慰慈，如歆海，如颜任光，如吴德生，皆已四缸者四而六缸者六矣。传言及京，故人得毋哗然揣捻。然而上海生活，休矣休矣。几月来真如度死，一无生气，一无著述。本期新月出世，藉事振作；岂意刍议粗定，内波忽起。适之退出编辑，月报无形停顿。下月出报之约，殆难践矣。小曼累病不健，今稍活络，则又允天马会为筹款演剧《贩马记》《狮吼记》。弦管节拍，又复喧阗。

我父母已迁来花园别墅。母病幸已霍然，谢天谢地，可怕哉病也。福叔颇险，已走东瀛，归期未有。骞老见面颇稀，听说牌兴不坏。见任师函，说金仍珠病愈颇奇。然则张少轩家之活络丸必非常制。蓉初五伯病风亦颇相类,能为一询宝药否?上次烦代贮杂物,并非急务。陆宅何时退屋,再当函知。守和夫妇幸福无量,希为致候。

志摩

一九三〇年二月六日

慰堂兄:

　　前日托转九叔一函谅到。兄处久不去函,半因事忙,且笔懒;半因兄所嘱事竟无眉目,至感无状。南中诸方均不得通,弟不知兄处筹画已有端绪否?我意则仍以得款即行,再想办法为是。明知将来难免竭蹶,但与其留此蹉跎,不如到外邦后再来呼吁,反正饿死总不至于。外国风光终究佳妙,行矣更不须踌躇。况且国内局面闪烁如此,即说得定当,亦不定靠得住,故一半冒险不可免也。兄意以为是否?南方居然得瑞雪,日来颇寒。况奔走宁沪,稍稍感苦矣。外宾又多,酬酢亦耗精力,我亦亟想远行也。

　　季丈近况如何,为念。

志摩候候　六日

致梁启超

一九一八年八月×日（片段）

　　夏间趋拜榘范，眩震高明，未得一抒其愚昧。南归适慈亲沾恙，奉侍匝月，后复料量行事，仆仆无暇，首涂之日，奉握金海，片语提撕，皆旷可发蒙，感抃乍会至于流涕。具谂夫子爱人以德，不以不肖而弃之，抑又重增惶悚，虑下驷之不足，以充御厩而有愧于圣门弟子也。敢不竭跬步之安详，以冀千里之程哉？
　　我之甘冒世之不韪，竭全力以斗者，非特求免凶惨之苦痛，实求良心之安顿，求人格之确立，求灵魂之救度耳。

一九二三年一月×日（片段）

　　人谁不求庸德？人谁不安现成？人谁不畏艰险？然且有突围而出者，夫岂得已而然哉？

　　我将于茫茫人海中访我惟一灵魂之伴侣；得之，我幸；不得，我命，如此而已。

　　嗟夫吾师！我当奋我灵魂之精髓，以凝成一理想之明珠，涵之以热满之心血，朗照我深奥之灵府。而庸俗忌之嫉之，辄欲麻木其灵魂，捣碎其理想，杀灭其希望，汗毁其纯洁！我之不流入堕落，流入庸懦，流入卑污，其几亦微矣！

致李济

一九二〇年春夏间

受之:

　　得书甚喜。子由心理而社会,由社会而人种,变虽速而经不茫,我绝对赞成。此地有一徐君则陵,初想治人种学,然守节不终,中道而异,吾甚惜之。今日留学生大都善"亿"。善亿云者犹之行贩之业,要以售为主,而不惜以身为刍狗。老兄刚毅木讷,强力努行。凡学者所需之品德,兄皆有之,岂复能毁天以殉人乎。教育家言"自动",彼此体会此意上达可也。

　　承问及论文,言之滋愧。上学期未曾与教授接洽,以为竭三月之长必可竟业。初拟从葛庭斯作文,不意犹有纠葛。其一老葛不管硕士,其二欲得社会学硕士必须进一研究班 seminar (Tenney)(可恨他们章程上没有交代),但是,我没有 serminar。今日我见 Tenney,他说或者可以准我插入 seminar,其余半年,夏天再补。六月以前想得学位恐怕难了。或者可以问 Seager 要点事情做做,看他怎样说法。所以现在要得硕士的话,有二条路:或者到经济门去写文章,那是不必 seminar 的;或插入社会学 seminar,

夏天再补，大概来秋得学位。实在罗唆。

好几位朋友多劝我，爽性不要硕士了。他们说哥伦比亚的硕士是不值一个大的，倒也得花上四五十块钱换那无聊的一张纸，最不上算。让他去吧，我也没有打定意思。明天横竖要去见Seager，定了再告诉你。

"陈礼认了一个干爷"。是正式还是滑稽？请你仔仔细细讲给我听听，多谢得很。

乘便告诉你一件事：朱斌魁正在起劲做他的博士论文。题目是《中国的留美学生》，很有意思，你从前想做的《中国学生的心理》，什么样了？

老邱近来好吗？他的老朋友任鸿隽在此，很盼老邱能来。你告诉他一声。

老郝，我懂你的意思了，下回再讨论吧。有空多写写信给我。

再会。

摩

（老李，韩鲍二位先生你替我谢过没有？我感激得很呢。）

一九二〇年×月二十四日（附致庄××信）

老李：

你非但又顽又鄙，而且又泼又劣。是不是跟凤丫头学来的？我现在没有工夫来与你斗嘴，以后再来收拾你，你留心着吧。过渡的问题，一索即得，不劳费心。太炎的书可不容易找，我自己有一部，可惜在家里。你文章做完了，倒真逍遥自在。好，我也给你一个谜猜猜，从速答来：

致李济

一个人站在一条桥中间,天上一只飞艇,水底一个潜艇,那人的名字叫什么?(外国名字)

答得对有奖。

老庄:

我又做狗了。一点不错,合作不合作,忙了一天星斗。好容易把章程弄妥,这星期又出乱子了。礼拜五"社会学门"茶话会,要我们中国学生来点儿把戏。我们商量下来,说是来一个打城隍。(这是前天写的)胡里胡涂,费了不少辰光。

听见你身体已经复元。"非常的愉快。"赶快回来吧。礼拜六什么车来?预先得查好二十五街停不停。如其六点钟到,我一准上 Joy King 去等你接风话旧。老袁等今朝走了。恕我不多说话,再会吧。老郝均好。

摩　二十四日

致胡适

一九二三年八月八日

适之：

　　蒋复璁回来说起你在烟霞深处过神仙似的生活，并且要鼓动我的游兴，离开北京抛却人间烟火，也来伴你捡松实觅竹笋吃。我似乎听得见你的和缓带笑的语声。这远来的好意的传语，虽则在你不过一句随兴的话，但我听了仿佛是烟霞岭上的清风明月，殷勤的亲来召唤，使我半淹埋在京津尘嚣中的心灵，忽又一度颤动，我此时写字的笔尖也似含濡着不可理解的悲情。等待抒写。

　　适之，此次你竟然入山如此之深，听说你养息的成绩不但医痊了你的足疾，并且腴满了你的颜面，先前瘦损如黄瓜一瓢，如今润泽如光明的秋月，使你元来妩媚的淡笑，益发取得异样的风流。我真为你欢喜。你若然住得到月底，也许有一天你可以望见我在烟霞洞前下舆拜访。至迟到九月中旬，我一定回南的了。

　　说起泰戈尔的事，昨天听说大学蒋校长决意不欢迎，还有吴稚晖已在预备一场谰语，攻击这不知自量的"亡国奴"。本来诗人的价值无藉于庸众的欢迎，泰戈尔的声誉也不是偶然取得的，

致胡适

他也忍受过种种的污蔑与诬毁，不过他此次既然好意来华，又不拿我们的钱，假如引起了一部分人的偏见或误解，岂非使他加倍的失望，你以为是否？他来大概至多不过三月，除了照例各大城巡行讲演以外（他讲演一定极少），我们本来想请他多游名胜，但恐天时太冷，地方又不安靖，预期甚难实现。你有什么见解，请随时告我。张彭春想排演他的戏，但一时又找不到相当的人。

林宗孟今日动身南下，他说不久就去西湖，也许特来访你，预先告你一声。

北京只有绵绵不断的蝉声。

在君已从关外回，昨在此长谈。

敬问

健安！

志摩　八月八日

一九二三年八月三十日

适之：

我的祖母竟是死了。这是我五岁时祖父死后第一次亲眼见的死之实在，也是第一次旧法丧礼的经验。我很想看你关于丧制的几篇文字，可惜我手边没有《新青年》。

你几时到上海？如是你是即去即回的，那我就等你回杭后再来，也许约得定还可以同车。否则，如其你一时还不走，我想九月三日早车一径到闸口坐轿子上山，那一样便当，请你来信。你那里可以支一小榻容客否，乘便问你一声。北京的信还不曾转来。

志摩问安　八月三十日

一九二三年九月初

我也有一首诗,你试体验内涵的情味:——

冢中的岁月

白杨树上一阵鸦啼,
白杨树上叶落纷披,
白杨树下有荒土一堆:
也无有青草,也无有墓碑。
也无有蛱蝶双飞。
也无有过客依违,
有时点缀荒野的暮霭,
土堆邻近有青磷闪闪。

埋葬了也不得安逸,
枯髅在坟底叹息;
死休了也不得静谧,
枯髅在坟底饮泣。

破碎的愿望梗塞我的呼吸,
伤禽似的震悸他的羽翼;
白骨只是赤色的火焰。——
烧不烬生前的恋与怨。

> 致胡适

　　白杨在西风里无语：
　　可怜这孤魂，无欢无侣！
　　从不享祭扫的温慰，
　　有谁存念他生平的梗概？

　　我在家里，真闷得慌。我的母亲，承你屡次问起，早已痊愈，我祖母的葬事也已完毕。这两星期内我那一天都可以离家。但也不知怎的，像是鸽子的翎毛让人剪了，再也飞腾不起来。我在这里只是昏昏的过时间！我分明是有病；但有谁能医呢？

　　奥氏回信已去甚好。我盼望你早些整理寄去出版。

　　我的儿子，也想跟我到西山来，和祖望哥哥骑驴作伴，但他太野了，我实在管他不了。

　　文伯常来山上吗？

志摩问安

一九二四年二月一日

志摩自硖石东山
"年念七"

　　适之，你这一时好吗，为什么音息又绝了？听说聚餐会幸亏有你在那里维持，否则早已呜呼哀哉了——毕竟是一根"社会的柱子"！

　　我是一个罪人，也许是一个犯人；"为此上避难在深山"。

　　昨晚居然下大雪，早上的山景不错，可惜不多时雪全化了。沽酒都来不及，雪肤就变成泥渣了！

　　我在此所有的希望与快乐，全在邮差手里。

附去悼列宁的一首,看还要得否。

一九二四年二月初

适之:

  许久不通信了,你好?前天在上海碰见经农,知道你不惯西山孤独的过活,又回北京了。我不怪你,在城里也不碍,就怕你没有决心休养——在山里做工也是休养。在城里出门就是累赘。我也做了山中人了!我们这里东山脚下新起一个三不朽祠,供历代乡贤的,我现在住着。此地还算清静,我也许在此过年了。我的一个堂弟伴我住着,蒋复璁也许搬来。我很想读一点书,做一点文字,我听说工作是烦闷的对症药,我所以特地选定了这"鬼窭庐"来试试。前天又被君劢召到上海去了一次。《理想》是决计办了,虽则结果也许是理想的反面,前天开会时(君劢召集的),人才济济的什么都有,恐怕不但惟心或是惟物,就是彼此可以共同的兴趣都很难得。大元帅的旗,同孙文的一样,不见得柱得起来。

  Author Waley 有信来提起你,谢谢你的书,他盼望读你的《白话文学史》。他问元朝人的短篇小说有没有集子,他要温庭筠的"侧辞,艳曲",你知道市上有得卖否,如有我想买一部送他。

  Giles 也有信来,很可笑,他把你的《尝试集》当是我的,他翻了那首《中秋》我抄给你:

The lesser stars have hid their light.

the greater, fewer seem;

And yet though shines before us many a

brilliant ray.

致胡适

When late the moon comes out and

crosses light above the stream,

And turns the river water to another milky way.

我在北京的旧友都像埋在地下了！

见文伯代我候候。

我谢谢你的太太，为我在西山布置。可惜我没福！

志摩

一九二四年二月二十一日

适之：

　　二函都到。新年来我这个山中人也只是虚有其名。年初三被张歆海召到上海，看旁人（楼光来）成好事。十三那天到杭州踏月看梅，十四回硖，十五又被百里召到上海，昨日回家，今日方才回山。现在口里衔着烟，面对着阳光照着的山坡，又可以写信做事了。我要对你讲的话多而且长，一件一件的来。

　　我到杭州打电话去寻曹女士没有寻着，不知她现在那里。那晚月色极好，我与我的堂弟沿着白堤踏月，一直到孤山，月下看梅花的一种意境让你想象去吧。那晚湖滨热闹得很，满天的火龙与飞星，但如我们有清兴的人却是绝无，堤上湖中静悄悄的也没有人影也没有桨声，只有放鹤亭边的狗的清梦被我们惊醒了，嗥了一阵子。但我们登孤山顶的时候，却碰着一个少年踽踽的走着，手里提着一张七弦琴，我们问他想请教一阕《月下探》，他没有答话，大约疑心我们是剪径的，急急的走了，一转弯前面一丛矮林，他的身影与履声都不见了，我们真疑心他是仙人！那晚过了十二时才回栈。下一天到灵蜂，我骑着自行车去的，倒很有意思。今年梅讯不盛，就只点缀罢了。我上来鹤亭望了望西湖，就躺在石凳上做梦，旁边有两个山里住的小孩胡吹着小喇叭，烦着我睡不着，同时也有一个穿大布褂子手拿长烟管的一位先生（我只当他是山里居民），手拿着一爿煤块在石柱子的后背画着，我过去一看，原来他画上了一副对子。我真冒失，问他是不是成句，讨他"钝了"我一下，他下面署名莫愁子偶识，我还当他抄哪！句子颇不坏，你看如何——

鹤今何往，为梅递书，邀雪同来；

亭已预约，招湖入画，待月作伴。

我也不便再罗唆他。后来我们出去的时候，还见他提着烟竿，在松竹间口扬着——他倒真是一个山中人哩！路上碰着阵头雨，躲进壶春楼嚼鲈鱼，看雨景，你还记得那晚上我与你与经农在路旁吃喝，一面太阳下去，一面满月上来，一边金光（你对着），一边银光（我对着），有一只长形方头的湖泥船在激动着的波光里黏着一方媚极的"雪罗霭"，摇着一对长篙的网夫子无声的拉着泥吗？那只最有诗意的船我这次又见了。

我看你的灵魂也永远让西湖的月华染上了一层浅色。要不然你那来这些 Sweet Melancholy 的情调？

你编一本词选正合式，你有你的 Fine taste 与 critical in—sight，很少人有的，我预祝你的成功，但你要我做序，我希望你不是开顽笑。我不懂得词，我不会做词，我背不得词谱，连小令的短调子都办不了。我疑心我的耳朵是粗鲁的，只会听鼓声雷声角声鸦声海声松声；或是爽性静默的妙景倒也能理会；——但那玲珑玉，玉玲珑，后庭前庭的劲儿我可没有得耐心。你要我懂，你得好好的先拜我做学生（就是说我拜你做先生）——但是离着做词选的序文怕是很……很远着哩！你，我可懂得；假如你的书

致胡适

名是《三百首好词——胡适选》,我至少能序下半段——序胡适选这三个字,你信不信?你知道张君劢,Jena 的 Rormance,蒋百里要替他做张君劢的文艺复兴;现在你的诗情也大有文艺复兴的味儿,我以为何妨再开放一点儿——把你的 shadowy hinits 化成 gamine expression,把 faint adumbration 变成 positive delineation——情真即是诗真。我又发明了一个方式,就是"Mental conflict is the mother of creation",这是难得有的,休教他闷烂了。

再讲词。词的魔力我也很觉得,所以我不很敢看。你说词的好处是(1)影像之清明,(2)音节之调谐,(3)字句之省俭;我以为词的特点是他的 Obvious prettiness which is at once a virtue and a vice. 因为大多数的词都能符合你的三个条件,但他们却不是诗——contain little - no poetry. Verbal beauty often enough was grenades for true expression of feeling and thought, which is something more than most skillful texture of linguistical symbols. Therefore great writers are always masters of words, while lesser writers are either enslaved by or addicted of—eg. Oscar Wild——words, with the probable consequence that whatever creativeness then is in them might well under their crushing tyranny.

我每次念词总觉得他似乎是 sort of acrobatic art in literature: so gile, so nimble, so sophisticated, so very pretty in sight. Indeed "prettiness in sight" accounts for so many things literature and art that fascinate and——our taste, which is closer scruting, however, are formed to be composed of all but vaporous substance. But acrobatic art can never be art in the sense sculpture and music and poetry is art. 这当然并不是说词当不得真艺术的评价,但因为你以为可当今日新诗的灵药,我所以怀疑他的"万应",是药多少免不了有毒性,做医生的应该谨慎些才是。但我还是说你是最合格选词的,因为

你两面都看得见,你自己当然有一篇 Apologia 不是,做了没有?

好极了,你们又鼓起了做戏的热心,你早说我早到北京了!现在总得过正月廿七,大约二月初总可以会面。我有的是热的心,现在真是理想的机会了。

百里一来我们的《理想》又变了面目,前天在上海决定改组周刊,顶你的《努力》的缺,想托亚东代理,但汪先生在芜湖不曾见面。他们要把这事丢在我身上,我真没有把握,但同时也很想来试试,你能否帮忙,我也想照你《读书杂志》的办法,月初或月尾有增刊,登载长篇论文与译述创作。君劢已经缩小了他的"惟"字的气焰,我要他多做政治学的文章。这事如其有头绪至早也得四月露面,以后再与你详谈。

孟邹屡次催促《曼殊斐儿集》,你的份儿究竟怎样了,我有信给西滢,他也不回音,请你与他赶快了愿才是!!

你的真光见徽我早知道了,多谢你见。

候候你的一家门,你的女儿好了没有。

志摩　正月十七日

一九二四年四月十六日

适之:

前天匆匆走了,也不及来看你,打电问你又不在家,只听说你又上课去了。我在车里碰见文伯,我与他切实的谈你,我们再不能让你多费无谓的精神,我们再不能不管你,我想你也一定体念我们的着急。文伯说星二上你那里去,那是昨天,他来了没有?

泰老居然到了,我忙得要命,大约二十五前即可到京,老先生真了不得,我觉得像是浮在海里似的,一点边际也摸不着!到

致胡适

京时你来看看，这是 something weight！不及多写，一切面谈。

志摩问安　十六日

有复寄叔永转。

一九二四年七月二日

适之：

我们船快到长崎了，让我赶快涂几个字给你。你的信收到，歆海来也讲起你们要我去的意思。我也很想回北京，与我的同伴合伙儿玩，只是我这一时的心绪太坏，我心里想的是什么，自己都不明白，真该！适之，我其实不知道我上那里去才好，地面上到处都是乏味，又借不到梯子爬上天去，真让人闷。像是寒热上身似的，浑身上觉得酸与软，手指儿都没有劲，神经里只是一阵阵的冰激——塞是什么心理，怕不是好兆！我绝对的不能计画我的行止，且看这次樱花与蝴蝶的故乡能否给我一点生趣。

或许我们由朝鲜回，那就逃不了北京，否则仍回上海的，一时恐不得来京。我想到庐山去，也没有定。下半年太远了，我简直的望不见，再说吧。真怪，适之，我的烈情热焰这么快就变成灰了，冰冷的灰，寻拨不出一小颗的火星儿来。

昨晚与歆海闲谈，想到北京来串一场把戏，提倡一种运动——Beauty Movement，我们一对不负责任的少年，嘴里不是天国就是地狱，乌格！

你好否，女儿怎样了，外国医生说死是不准则的。有信可寄神户运通 American Express 转。

同行的都叫我问好。

志摩问好　五月三十一日

一九二四年八月七日

适之：

  但是你自己又打算上那里去呢？为什么说今年不能奉陪？老实说我是舍不得北京的，北京尤其是少不了这三两个的朋友，全靠大家抟合起来，兴会才能发生。我与歆海这次从日本回来，脑子里有的是计画，恨不得立刻把几个吃饭同人聚在一处谈出一点头绪来。徽因走了我们少了一员大将，这缺可不容易补。你们近来有新灵感否？通伯应得负责任才是。我昨天才回家，三数日内又得赶路。这回是去牯岭消暑与歆海同行，孟和夫妇听说也去。我去却不仅为消暑，我当翻译的责任还不曾交卸，打算到五老峰下坐定了做一点工作。到北京大约至迟在九月中，那时候大概你们都可以回去了，你与在君夫妇同去北戴河我也很羡慕，如其你们住得长久，我也许赶了来合伙都说不定。南方热得像地狱，内地生活尤其是刑罚，我不得不逃。你的女儿究竟好了没有？夫人近来好否？你到海滨去身体一定进步。

志摩　七月七日

一九二四年八月十五日

适之：

  牯岭背负青嶂，联延壮丽与避暑地相衔处展为平壤，称女儿城，相传为朱太祖习阵处。今晚在松径闲步，为骤雨所阻，细玩对山云气吞吐卷舒状态神灵，雨过花馨可嗅草瓣增色，此时层翳稍豁,明月丽天,山中景色变幻未能细绘。时见面当为起劲言之。此致。

志摩 七月十五日

一九二五年八月二十二日

适之:

今天你上车正逢大雨,不狼狈否,念念!在床上闻有电来问马褂,此间却无有,已寻得否?在津想必剧忙,有暇作书否?梁先生信未见转来,想不忘却,我父处最好能为再去一封信促成好事,不瞒哥哥说,弟妹们(用史记调)盖稍稍情急矣!季刊函已寄庄士敦,有万一希冀否,好在数少,能为助成最盼。

庄君为道久违想念。

志摩 二十二日星期日

一九二五年九月四日

适之:

我真得叫你一声好哥哥;即使我真有一个哥哥,他也不会有你那样爱我关切我;这次中途要不碰着你,剖肚肠的畅谈了两晚,我那一肚子的淤郁不发成大病才怪哪!昨天上车后我就昏昏的倒卧,也不知是睡,也不知是梦,反正脑筋里绞着的总是那个影子,晚上起来稍吃一些东西又睡,一直睡到今天中午,昏昏惘惘的真像是一个梦人,浑身只觉得发疼,头痛,腰痛,背痛,心口痛,小说书上说的丧魂落魄,我这回有点近情了。

今天沪宁道上还算清醒，做了一首诗，你看到几时才可发表。到上海栈里有人来接，他就说起你来的电报，背给我听，还问我"眉"是什么日子，我忍不住笑了。多谢你也多谢天，这电文连着末了那个字，真是比什么药都强，这回我心头松放得多了。真巧，我的爷，我的娘，我的儿子，也是今天到上海的，我妈见了我果然吃吓，说从没有见我这样瘦过，我回说前几天受感冒不曾好，她又逼着问什么病，说我从没有病的！她老人家自己也瘦得可怜，爸爸也得了风湿在肩背上，儿子也瘦，所以全家都带病容，但老人见了我却很欢喜，可怜他们真不幸，生了我这样浪漫性的儿子，又只有这一个！

我现在百里处写，今晚住他家没有与他谈过天；受庆在杭州，听差老李上车站接太太来了，他们都以为我带来的，不来都很诧异。

我现在急急的等你信来；眉真没有心，两天没有信，要不是你回去，她准忘了我，我还得与她打架哩！明天再写。

志摩

一九二五年九月十二日

适之：

前晚我写了封快信，昨天经过的事实根本取消了那信里的梦想，所以幸亏不曾发。事情越来越像 Farce 了，F 百二十分的愿意做"开眼"；M 百二十分的顾忌；我的百二十分什么也就不用提了。惨极亦趣极，见面再详谈吧。

我昨晚看了爸妈可怜的情形也很动心，随便把自己毁了，不怎么交关，但结果还得连累无罪的老亲，实在有些不忍，所以很

致胡适

想摇一摇头,忍忍痛暂时脱离了病态心理再说。我急于要朋友的慰藉,给我一点健康的补剂。或许我还有机会做一点人的事业,我恨不得立刻就在你们的身旁,但事实上不可能,我爸妈逼着我回硖石过几天,我还得探一探西湖,一半天至少,所以回京至早也得二十边,你们快来信催我吧,让我好在爸妈前交代。我回京你我同到西山去几天,你走得开吗?我希望你能。

眉心心想做 Heleise,你给他那本小书的是不?可还差远着哪。我成天还是发疟似的难受。你好?

志摩 九月十二日

一九二五年九月十五日

适之:

一年前也是一个大雨天。你记得我从上海冒险跑得来,晚上与胜之兄妹游湖,又听了一遍"秋香",余音还在耳边;今天又是淫雨天,爸爸伴我来,我来并无目的,只想看看影踪全无了的雷峰,望望憔悴的西湖,点点头,叹叹气,回头就走。在家里住了两晚,为连两塔院里也不曾去住。昨天爸爸伴我摇船出去采菱看山,作一小点缀。爸真太慈悲了,知道我心闷,多方想替我解散,我口里说不出,我眼里常常搵着感恩的泪水。适之,我现在急急想回京,回到你的身旁,与你随便谈谈,你知道怎样使我记得,也知道怎样使我忘却,至少我想你总还不会拿"一万重的蓬山"关在我的面前!

适之,这心到底是软的,真没法想,连着几晚(伴你同床)真是:

我长夜里怔忡,

挣不开的恶梦：
谁知我的苦痛？

　　眉影踪全无，料来还在上海，我离南前大致见不着了。适之你替我想想！我二十边到京。

　　　　　　　　　　　　　　志摩　九月十五日

一九二五年九月十五日

适之：

　　昨天我在楼外楼对雨独酌，大啖鱼虾。这时候在烟霞洞，方才与复三谈起你，逖迹如昨，不禁惘惘。今天风雨大得很，差一点轿子都叫刮翻了。去看雷峰，雷峰只剩了一个荒冢。上面不少交抱的青条，不知这里面葬的是谁家情种？去满菊隆寻桂，谁知又是失望，初桂禁不起风雨，竟已飘零净尽。再兼在迷风凄雨中寻烟霞旧径，迎面那两字"仙岩"最令怅触。复三殷勤如故，只是把我认作姓朱的。他忙着去做素点心给我吃。我乐得叨扰他一顿，可惜你不在，否则这情景逼人，大可联句。

　　冤家还不曾来，我倒要走了！她今晚许到的，但到了便怎样，还不是一样的尴尬？

　　现在只想快快的见你，再没有别的巴望。

　　　　　　　　志摩　九月十六日"洞虾此处多"

致胡适

一九二五年十一月×日

适之：

我这封信写了好几天了。有不少话要说，开头先讲几句正经话，你的课我已经去代了。不但代课，连我自己的都去上了。你许还不知道我本来不想上的，后来你要我代，我不得不去，又兼通伯再三催促，我才去的。关于薪水问题。通伯说要你对梦麟说的，上年我才有六点钟，拿二百四十，现在有八点钟。若按讲师算太化不上，我也有点犹太气味，这几日来了实在太强化，所以想你替我说一声，薪水放宽一点，顶好你就回来，那是最好的了，否则请你就替我写信。

方才我说正经话，本来想问你病情的，谁知那小顽皮在旁边抽空儿给我写上了功课事情，所以也就接着写了。昨天我去看你的太太，知道你这回吃苦的详情。难为你，真难为你，受得了这大苦。我是不干的。但愿你从此永除后患，再不吃这样的苦孽。你住在孟邹先生家里，一切谅都舒服，只是没有个体己人儿，那是什么都替代不了的。难为你，真难为你，适之！

我们见天盼你回来，还以为你是留连忘返哪，谁知你吃着大苦来着。现在要讲更正经的正经话了。眉的信想已收到。我们近来变化细情，非等你到来说不详尽的。反正现在我与她已在蜜缸里浸着，所有可能的隔阂麻烦仇敌缝儿全没了；剩的只是甜。并且不但我与眉，就连眉的爹娘也是十分的了解与体谅。现在惟一的问题是赶快要一个名义上的成立，我的意思是如此。我的父亲赶快得来，最好你能与他同来，那美极了！我们定得靠傍你，我们惟一的忠友，替我们在他面前疏说一切。应得说清楚的事至少有这几点：第一，眉是怎样一个人；第二，我与她的感情到了何种程度；第三，这回眉离婚纯出彼父母主意，因为彼双亲同看着F对她有极不堪的情形，不由得她不反过五十年的旧脑筋决定离婚，并且将来再结婚也得她二老的主政（烈情的浪漫当然讲不到也用不着讲了）；使他明白F夫妇并不是被我拆散的；四，我爸妈待我太好了，我有大事不能不使他们满意，因此我要爸（妈能同来当然更好）来，亲自来看看眉，我想他一定会喜欢她的。他满意了以后还得让他对眉的二老谈这件事再行订定，名正言就顺了不是？总之无论如何，爸爸总得来京，而且得快来，因为我们直着急不了。爸爸上次来京见了眉，说她纯粹一个小孩子，跳跳蹦蹦的，但同时他又听着了她的事情，这回又有上海的事情，老人家不免有误解的地方，□□他更听得着许多不相干的话（F自己方面比如说），这是应该说清楚的。爸最信服你，他也知道你是怎样知我爱我的，你如其与他恳切的谈一次天，一定是事半功倍。总之老阿哥，烦你也烦到底了，放着你自己屁股吃苦我们不能安慰你，反而央你管我们的事，但我们相信你决不会不愿意的。总算是你自己弟弟妹妹的大事，做哥哥的不能不帮忙到底，对不对？且等着你回来，我们甜甜的报酬你就是。不多写了。

鹤

△先生，他这封信写了三天——你问他怎样写的？

△摩好福气，娘爱他极了。

△先生！并非是我老脸皮求人，求你在他爸妈面前讲情，因为我爱摩，亦须爱他父母，同时我亦希望他二老亦爱我，我受人的冷眼亦不少了，我冤的地方亦只你知道。此决若不得一个真正快乐的家庭……

致胡适

一九二六年四月二十六日

适之：

长江舟中，客利，西湖的信都到，因为乱糟糟，又不知确定行踪，迟未作复。这次盼望你能回京，我们真想念你，快来罢。

先谈私事。你预告好消息的信，真使我快活，我恨不得亲你一口，你这样为我们尽力！将来总得想法子纪念你的功劳，好兄长！

你的信还不来，我猜不着他们的"条件"，想来不至于过分苛刻，好在只要他们意转，事情就有商量。百里你究竟见着了没有？何以信上总不提及，他有否对爸表示过意见。曼总还嫌幼仪的地位，为我们，为她自己，总得有一个公布的声明，才不至惹人误会，以为是否？我此次回京，此间（陆氏眷属相知）盛传父子决裂，调和无望，我也不作声，随他们爱说不说。这次如果能圆和过来，我爸妈果能释然，那我的快活还用说吗？我还是盼望爸爸来京，作为解除成见的表示。以后一切实际办法，悉听老人主张。妈能同来北京玩一次（当然等大局定后）更妙，但这怕不易。我巴巴的等着你再来信。

曼近来身体又大不好，北京最恐慌的几日，她去北京饭店躲着，回家后天天不舒服，不是胃，就是肝，又闹眼，归根是本原太弱，理想的医法，当然是到山里去，但如何做得到，照目前情形，她极想望你回来，你其实离太久了。北京这一时简直是不堪，也不用提了。最近的消息，是邵飘萍大主笔归天，方才有人说梦麟也躲了。我知道大学几位大领袖早就合伙了在交民巷里住家——暂时不进行他们"打倒帝国主义"的工作。何苦来，这发寒热似的做人！

我极盼望你腾出工夫来写你自述的书。世界的名著里不少几星期甚至几天（如福禄特尔的《赣第德》）写起的。你为什么不？

我最近热心契诃甫。你一定喜欢。

等你信来再写，你太太甚健，勿念。

摩　四月二十六

一九二六年九月十二日

适之：

这久不给你信怎说得过？一天挨一天的，总想连正式喜期一并通知我们惟一的"恩人哥哥"，也好叫他在海外挺一挺眉尖，说好了，这总算完工了一件事。但事情进步太慢，正如我们期望太促。今天正是九月十二，阴历八月六日，还没法发出喜柬。爸爸老人家究能来否还在一边推躲一边求恳中，好不闷损人也！此时也坐不定，怕不能如愿写长信，先把事实方面择要告知吧。我去年是八月一日到京，今年也从南方赶回来（带了病）庆周年，可惜你不在，就是订婚的日子是不易忘记的七夕，在北海董事会的画舫斋，中间一大方潭的池水，四边齐齐整整的屋子，那天到客有五六十人，谁都说可惜大功臣缺席！

现在的形势是结婚一定得老太爷到，但幼仪方面还未签字（经过太麻烦了，不说也罢），爸爸前天来电是："余因尔母病不能来，幼仪事大旨已定，尔婚事如何办理尔自主之，要款可汇。"我回电说要归去省亲乘便带他来京，他又电说："母病稍好，暂缓来京。"我今早又去了一封信，且看下文。

婚期陆家看定孔子生日八月二十七，过此九月不宜，须至十

致胡适

月,相差只二十日,什么都未有把握,怎好!幼仪已挈阿欢来京,寓老金处,态度颇露 woman nature。不及从前漂亮,但亦无如何也。

我的计画是暂时(至少暂时)脱离北京,想婚后即回老家伴爹娘尽尽子职去,烟霞洞那屋子,我想去借住。妄想复演君家的神仙生活,看成否。

我们迟早总得想法远行,你在外边切不可忘记了我们,有适当机会替我们打个主意,没有机会没法子,如有机会或可产机会而不想法,未免太冤,中国居太无生气,我答应小眉出去走一趟,我也需要新生机,你想必同情,不多说了。

叔华通伯已回京,叔华病了已好,但瘦极。通伯仍是一副"灰郁郁"的样子,很多朋友觉得好奇,这对夫妻究竟快活不,他们在表情上(外人见得到的至少)太近古人了!通伯清华请当教授去否未定。我如南归,《晨报》那劳什子也不干了!左右没有你,就没人共商量,闷哉!

你临行时那封信,真是给我们的金言,敢不拜嘉,我们决意到山中去过儿时养心的生活,也正为此。眉淘气如故,这是说她的身体,虽则较上半年强些,总还离坚实远甚,动不动就犯病,不是肝就是胃,要不就是闹头痛什么,懒病照旧,这情形更有离京的必要。好在她爹娘公然首肯了。

你论俄国的几封信,一定有很多批评,我陆续寄给你,你有信请亦陆续寄我代发表。再写吧。祝你健康快乐!

我们俩 九月十二日

国联会取消。屋子通伯租居,似已定。

见罗素,狄更生,华拉士,赖世基,威尔士一群人,千万代候,说我太懒。尤其罗狄二位。我的喜事亦可告知!

一九二七年一月七日

适之：

　　生命薄弱的时候，一封信都不易产出，愈是知心的朋友，信愈不易写。你走后，我那一天不想着你，何尝不愿意像慰慈那样勤写信，但是每回一提笔就觉着一种枯窘，生命，思想，那样都没有波动。在硖石的一个月，不错，总算享到了清闲寂静的幸福。但不幸这福气又是不久长的，小曼旧病又发作，还得扶病逃难，到上海来过最不健康的栈房生活，转眼已是二十天，曼还是不见好。方才去你的同乡王仲奇处看了病，他的医道却还有些把握，但曼的身体根本是神经衰弱，本原太亏，非有适当地方有长期间的静养是不得见效的，碰巧这世乱荒荒，那还有清静的地方容你去安住，这是我最大的一件心事。你信上说起见恩厚之夫妇，或许有办法把我们弄到国外去的话，简直叫我惝恍了这两天！我那一天不想往外国跑，翡冷翠与康桥最惹我的相思，但事实上的可能性小到我梦都不敢重做。朋友里如彭春最赞成我们俩出去一次，老梁也劝我们去。只是叫我们那里去找机会？中国本来是无可恋，近来更不是世界，我又是绝对无意于名利的，所要的只是"草青人远，一流冷涧"。这扰攘日子，说实话，我其实难过。你的新来的兴奋，我也未尝不曾感到过，但你我虽则兄弟们的交好，襟怀性情地位的不同处，正大着；另一句话说，你在社会上是负定了一种使命的，你不能不斗到底，你不能不向前迈步，尤其是这次回来，你愈不能不危险的过日子，我至少决不用消极的话来挫折你的勇气。但我自己却另是一回事。早几年我也不免有一点年轻人的夸大，但现在我看清楚些了，才，学，力，

致胡适

我是没有一样过人的,事业的世界我早已决心谢绝,我惟一的希望是能得到一种生活的状态,可以容我集中我有限的力量,在文字上做一点工作。好在小曼也不慕任何的浮荣,她也只要我清闲度日,始终一个读书人。我怎么能不感谢上苍,假如我能达到我的志愿!

留在中国的话,第一种逼迫就是生活问题。我决不能长此厚颜倚赖我的父母。就为这经济不能独立,我们新近受了不少的闷气。转眼又到阴历年了,我到那里好?干什么好?曼是想回北京,她最舍不得她娘。但在北京教书是没有钱的,"晨副"我又不愿重去接手(你一定懂得我意思)。生活费省是省,每月二百元总得有不是?另寻不相干的差事我又是不来的,所以回北京难。留在上海也不妥当,第一我不欢喜这地方,第二急切也没有合我脾胃的事情做。最好当然是在家乡耽着,家里新房子住得顶舒服的,又可以承欢膝下,但我又怕我父母不能相谅,只当我是没出息,这老大还得靠着家,其实只要他们能懂得我,我倒十分愿意暂时在家里休养,也着实可以读书做工,且过几时等时局安靖些再想法活动。目下闷处在上海,无聊到不可言状,曼又早晚常病,连个可与谈的朋友都难得有(吴德生做了推事,忙极了的),硖石一时又回不去,你看多糟!你能早些回来,我们能早日相见,固然是好,但看时局如此凌乱,你好容易呼吸了些海外的新鲜空气,又得回向溷浊里,急切要求心地上的痛快怕是难的。

我们几个朋友的情形你大概知道,在君仍在医院里,他太太病颇不轻,acute headache,他辞职看来已有决心,你骂他的信或许有点影响。君劢已经辞去政治大学,听说南方有委杏佛与经农经营江苏教育事业的话,看来颇近情。老傅已受中山大学聘,现在山东,即日回来。但前日达夫来说广大亦已欠薪不少,老傅去,一半为钱,那又何必。通伯叔华安居乐业,梦麟在上海,文伯在汉口，百里潦倒在沪，最可怜。小曼说短信没有意思，长信没力气写，爽性不写，她想你带回些东西来给她，皮包袜子之类。你的相片瘦了，倒像一个鲍雪微几！

隔天再谈，一切保重。

志摩　小曼同候　十六年一月七日

一九二九年一月二十日

适之：

快函谅到，梁先生竟已怛化，悲怆之意，如何可言，计程兄昨晚到平，已不及与先生临终一见，想亦悯悯。先生身后事，兄或可襄助一二，思成徽因想已见过，乞为转致悼意，节哀保重。先生遗稿皆由廷灿兄掌管，可与一谈，其未竟稿件如何处理，如《桃花扇考证》已十成八九，亟应设法续完，即由《新月》出版，如何？又《稼轩年谱》兄亦应翻阅一过，续成之责，非兄莫属，均祈留意。《新月》出专号纪念，此意前已谈过，兄亦赞成，应如何编辑亦须劳兄费心。先生各时代小影，曾嘱廷灿兄挂号寄沪，以便制版，见时并盼问及，即寄为要。今晨杨杏佛来寓，述及国府应表示哀悼意，彼明晚去宁，拟商同谭蔡诸先生提出国府会议。沪上诸友拟在此开会追悼，今日见过百里，文岛及新六等，我意最好待兄回沪，主持其事。兄如有意见，盼先函知。又宰平先生等亦有关于梁先生文章，能否汇集一起，归兄主编，连同遗像及墨迹（十月十日《稼轩年谱》绝笔一二页似应制版，乞商廷灿），合成纪念册，何如？骞老亦盼与一谈。

叔永，莎菲均候。

志摩敬候　一月二十日

致胡适

一九二九年六月×日

适之:

　　蒋慰堂是你的高足,他管理图书已经出山,这两年来他尽力筹措赴德留学,本已成功,却不意北平图书馆原允之津贴因委员会之反对而不成,今有书来告急。老师有法成全他否。他原信附去,如能照办,功德无量。

志摩

　　南京传改派定改组政府,足下亦在中委之列。

一九二九年十一月五日

适哥:

　　何家槐在中公读书已满半年,他实在无力从学,但如能得到工读则勉强尚可凑和。为此再为请求,可否破格准予工读以轻其担负,应不致辍学。他的英文差些,所以按成绩怕不很够,但中文颇行且有志气,能成全之亦佳事也。至请特别照顾一下。

志摩

一九三〇年冬

适之:

　　自宁付一函谅到,青岛之游想必至快,翻译事已谈得具体办法不？我回沪即去硖侍奉大概三日。老太爷颇怪中途相弃，母亲尚健最慰，上海学潮越来越糟，我现在正处两难，请为兄约略言之。光华方面平社诸友均已辞职，我亦未便独留此一事也。暨南聘书虽来，而郑洪年闻徐志摩要去竟睡不安枕，滑稽之至，我亦决不问次长人等，求讨饭吃已函陈钟元，说明不就。前昨见锟，潘董诸位，皆劝我加入中公，并谓兄亦去云，然但我颇不敢处尔承诺，果然今日中公又演武剧（闻丁任指挥），任坚几乎挨打，下午开董事会，罗让学生去包围杏佛，未到结果，当场辞职者有五人之多（丁，刘，高，王，蔡）。君武气急败坏，此时（星期一夜十时），在新新与罗，董潘议事，尚不知究竟，恐急切办无所谓究竟也。党部欲得马而甘心，君武则大笑当年在广而千军且不惧小子其奈余何。但情形疆坏至此，决难乐观，且俟明日得讯，再报。凡此种种，仿佛都在逼我北去，因南方更无教书生计，且所闻见类，皆不愉快事。竟不可一日，居然而迁家实不易之。老家方面父因商业关系，不能久离，母病疲如此，出房已难，遑言出门远行。小家方面小眉亦非不可商量者，但即言移，则有先决问题三：一为曼须除习；二为安顿曼之母（须耀昆在沪有事，能立门户乃能得所）；三，为移费得筹。而此类事皆非叱嗟所能立办者，为此踌躇寝食不得安，靖兄关心我事，有甚骨肉，感怀何可言宣。我本意仅此半年，一方面结束，一方准备，但先以教书可无问题，如兼光华，暨南，再事翻译，则或可略有盈余。不意事变，忽生教书路绝，书生更无他技，如何为活。遥念北地朋友如火如荼，得毋羡然，幸兄明断有以教我。文伯想尚在平，日常相见盼彼日内能来，庶几有一人焉，可与倾谈，否则闷亦闷死了俺也。（北平一骄养惯了！）徽因已见否？此公事烦体弱，最以为忧思成愁。来北平有希望否，至盼与徽切实一谈。《诗刊》已见否？顷先寄一册去，《新月》又生问题，肃陆不相

致胡适

让，怎好？我辈颇有去外洋胰子希望。

此念

双福！

摩　星一

一九三一年一月二十八日

适哥：

　　此一星期函电交索，竟弗得圣驾踪迹。今晨到此，乃悉已于廿四北去，但如果直达则应于廿六午刻抵平。度必又在津逗留，故不及面。此函到时，当已安入米粮库，胡太太弗复忧矣。六老爷已得平汉路局月九十元事，希即嘱去局见科长萧闻叔接洽供职。此行得重亲旧雨，快慰之情未易言传。上海今实如大漠矣，况光华事复如此，再教甚无意思。为我自身言至愿北迁。

　　况又承兄等厚意，为谋生计若弗应命，毋乃自弃。然言迁则大小家庭尚须疏通而外，迁居本身亦非易之。在平未得相当居处，移费不赀，亦绝无眉目。且俟回沪见家人后，再行定夺。文伯想已见谈，甚盼藉彼智囊解我踌躇。徽因夫妇本寓中央四号，今或已迁居东直门204甲周宅（无电话）。徽甚愿一见，如未晤盼即约会。在平时承太太一再以高轩惠假，至为荣感，谨此道谢。《诗刊》想已见过，二期务期惠稿，诗散均佳，要不可阙。译书祈即指定，俾即从事。书生寒酸，此外别无生计。在君同行，明日去沪，容再知闻。此念双福。

志摩　星三

一九三一年二月七日

适哥：

连接两函及电，至谢。我真不知道怎样回答你们的好意，除了心里感激。但我实在有不少为难处，不是一走即可以了事的。请先容我说给你听这边的情形。第一是学校。我初回时光华已等于拆台，光旦不去，我当然不去，但这一星期学校教职员和学生到处奔走呼吁，要我们看学生分上一定得回去维持。张寿铺亲自致函隆基，请他转劝我们回去，意思是把这面子给他做。结果光旦已允回任教课，但不做院长，此外的朋友本来是同情罢工，光旦既允回去，大家当然也回去，所以学校和学生都很欣然，至少这半年总可以过去了。这是光华方面。其次是暨南。我本来没有答应，只说看情形再说，不想陈斠玄已将聘书送下，我回来时候很多朋友对我说郑韶觉在那里不舒服，说我"浪漫"有名，又说我是新月分子，我自然只有好笑。我本不曾向他求事，他既如此我还能去吗。好了，陈斠玄又来了，一次二次三次，他说校长绝对没有话，再说你已经担保，我一定去帮忙这半年。又说学生要我去，功课早已定好，所以，我非去不可云云。我答应他三天内给他回信，今天已是第三天，而我还是决定不下（中大我已辞，不成问题）。再有即使我决定北去，几个学校都还得费些日子结束功课，上百本的论文卷都还得看过定分。

这是关于学校方面的话。

其次是家庭方面。母亲倒没有什么，她说我如果为自己一定得去，她不成问题。但我终究有些不安心，她身体实在是可虑，再有阴历四月间我父亲六十岁生日，这次我非得替他做，所以即使我现在去北平，那时候也得回来一趟。

小家庭方面问题更不简单，你是已经和小曼谈过的。她倒也不是执意不让我走。但我把这份家交给谁好，如果照现状下去，开销实在太大，我又不在，未免无谓。迁家北移决不是暂时可能的，就说搬一个较小地方也就够麻烦的。

再有来电所说不知是指什么事。北大我当然最愿意，但不知要我教什么课程，也不知是否基金的位置，我有资格承当不，钱有多少，我都得知道，好在我即使走也得至少过十天半月，盼望再给我一个信，好让我切实计算一下。

上海生活于我实在是太不相宜，我觉得骨头都懒酥了，再下去真有些不堪设想。因此我自己为救己，的确想往北方跑，多少可以认真做些事。至于朋友和地方的好处是不消说的，我回来后无时不在念中，我如果去自然先得住朋友家，你家也极好。先谢。此念

双福！

摩 星六

源宁兄均此恕不另柬。

一九三一年二月九日

适之：

你胜利了，我已决意遵命北上，但杂事待处理的不少，现在既要走，不能不管。动身大约至早得到十九，二十模样。过旧年还得去硖石磕头，堂上还不曾正式许我走，但我想不成问题。竟然能走，自己也觉得出于意外。我颇感谢小曼，因为她的最难一关居然被我打通了。对不起老大哥，她没有把面子给你，因为要

留给我,那是可原谅的不是?

到北京恐怕得深扰胡太太。我想你家比较宽舒,外加书香得可爱,就给我楼上那一间吧。但如果麻兄已觅得现成屋子,和他住也有可能。他难道还是流落在北京饭店?

请将这消息告知老金,丽琳,让他们欢喜。此念双福!

六爷信收到,谢谢,此候不另。

一九三一年四月二十三日

适之兄嫂:

我的母亲已于半小时前瞑目(星期三十一时二十五分)。她老人家实在是太可怜了,一辈子只有劳苦和烦恼,不曾有过一半天的清闲。回想起来,我这做儿子的也真是不孝,受了她生养天大的恩惠,付还她的只是忧伤。但她真是仁慈,在病中没有一句怨言,这使我感到加倍的难受。她病中极苦,从上星期六起即转凶,当晚极险,但下一天重复喘息过来和她的亲人极亲切的话别。她心上是雪亮的,临死一无危惧或懦怯的意思。她一生人缘极好,这次病转重以后每天有很多的亲友来看她,方才弥留时所有的近亲都在她的身旁。父亲也好,为她念佛祝福。但可怜他老人家从此也变孤单的了(三十七年夫妻)。

我有五六天不曾解带。有好几次想写信但一行都写不成,方才经过一阵剧烈的悲痛,头脑倒觉得清静些,因此坐下写几行给你,一来报丧,二来我知道你是最能同情,因为你也是最不忘母惠的一人。可怜我从此也是无母的人,昊天罔极,如何如何!

志摩敬叩 星三半夜

致胡适

一九三一年七月十六日

适之兄嫂：

一路托庇福星，凉快异常。江北江南，到处闹水。南京见到蔡先生，精神甚旺，真可佩服，谈到我们朋友的事，他颇不以为然，说他上有高堂，儿女成行。又身为社会柱石，决不可造次。说到出路，他倒看得容易，他说只消劝对方另寻生路，同时减少他俩接近机会，他们也自会冷淡起来。他说可以看翰笙谈谈。（此节请弗让任何人知晓，我们本不过探探老辈口气而已。再说他们本人终究作何计较我们也还不知，我看我们不如把此事暂时搁置不提——除非另有急进消息，必需我们做朋友的取定态度。老头的理由，固然正当，但本人岂有虑不及此。四十五岁以上的人的性情我素无研究，不敢妄下判断。）

骝先昨已去北平割鼻，当可见到。此公亦劬劳逾度神经衰弱可虑，他一边情形正相反，夫人是太美了一点！我看人类是没办法的，左右都无是处！

过南京被老谢小郭他们留住了一天，晚上刘伯良请客，又出了一个岔子。悲鸿也是太劳，胃病，又睡不好，我那天下午在他家，他给我看画，好好的，晚上与他的夫人同在蜀峡，坐席后称病先走，夫人留。饭后我们同去探"病"，则先生已拿了随身皮包走了！夫人大窘，据说又并无口角。于是大队朋友，都向车站搜索，我夜车走，车上觅不到，今日南京尚无信来，不知这位艺术家是往那里去了？

昨清早到上海（振飞前天走）。小曼发电时无病，电后果发热两次。昨大夫来，又说肺弱须防，我的哥，你说这怎么得了？

她曾发见痰中有血。好了，我连日不咳嗽吗？今天早起更凶，连吐了几口，也见血——分明是血，你说可乐不？我是不相干的，大约苦咳伤肺，也许得吃点药就会好的。但小曼倒是可忧，我看她的程度比我那位"山友"强不了多少。真糟！

　　说些开胃话吧。昨晚我家大集会，我报人名你听听，洵美小蝶夫妇，朱维基，芳信，孙大雨，高植，邵寒梅，光宇，振宇，隆基，有乾，增嘏，还有别的几个人。那套《竞畅图咏》大获欣赏，洵美道谢。老罗也有了艳迹——在琼楼高处。洵美昨演说经过，合座喷饭，今下午"小姐"请茶，老罗已敬谨电约，俟亲承色泽后再作报告。

　　三期《诗刊》候您的大文，前辈先生，当不吝教。宗岱论平仄跨句几点，可否另条抒摅高见？我要叩首道谢你们合家！胡太太真想得周到，路上的徽茶真是我的惟一良伴。你们在这里如有差遣，小弟是日夜伺候着！此念
双福。

　　　　　　　　　　　　弟志摩小曼同候　七月十六日

一九三一年七月二十五日

适之：

　　多谢你的关切，我咳嗽已好，医生检验过，说内部无病征，但起居至应留神，且不可过分劳心。我信我的体质本是不坏的，这半年生活上花样过多，劳心是有的。夏天本想休息，但月前经济奇窘，坐家尚有绝炊之虑，何况出门避暑？

　　在家决不能养息，你说我的话最中肯綮。我亦未尝不想学你的乐观，但心上纠纷太多了，望着别人的稳定与单纯，只是自愧不如。

致胡适

我是爱热闹的,想起你那里有那么多老友早晚聚首,更使我感到在此精神上的寂寞。

慰慈已决定行止否?我有信寄济南不知转到否?文伯身体到平后见佳否?他是住家做老太爷,还是住我的西楼受杨妈的爱护?为我致意他。新六想不日回来,他是上海的一根玉柱,如何能久离。

上海无甚新鲜。腴庐惨死想早知详情,昨天在殡仪馆行礼,新娘来惨叫一声,在座人无不掉泪。吴老头说几句也是泪汪汪的。他真是替子文做死鬼,那天要不是有他在,子文准死无疑。秘书做了部长的护身肉盾牌!谭端腹有一块肉,哭晕了几次,实太可怜。索克第二天即有电来。

风云又紧急了,听说永定河又发水,北平无妨碍否?教育能不受影响否?做中国人真是没有一天安静日子过。

三期《诗刊》单等你允许我的文章了,千万立即写寄。老前辈总得尽尽指导。我第三集诗即日出版,叫《猛虎集》。回来后又做过两首诗。你山上去过否?

关于我们朋友的事,杏佛来信说——翰笙夫人来京,据说彼俩已有计划三年内养病读书补英文,二年后出洋。既如此殊不劳旁人着急矣。蔡先生也主张听其自然矣,杏佛自己左手第四个指戴有金圈戒,是其与赵女士有重圆之望欤?胡太太及诸友均此道念。

志摩候候 七月二十五日

一九三一年七月三十日

适之兄嫂:

昨日为先母百日祭辰回硖。天渐炎热,今日竟有大赤膊必要。报载北平大热,路有倒毙。百松园中又当满月,文伯已能举杯邀明月否。阿欢新习孔庙碑隶字尚见腕力,兹附去几页请胡伯伯评正并交祖望三爷。我明日去沪,新六日内当可回来,此念暑佳。

弟志摩上　七月三十日硖石

一九三一年八月十三日

适之:

　　到底还是胡子老大哥法力高强,把你请出了北京城,让你享几天闲福。秦皇岛我不曾到过,料想与北戴河不相上下。海水里我知道你是不会多浸的,每天八圈牌大约总打得成,此外我想见你看报,丁大哥抽雪茄。文伯去了没有,有他更显热闹,听说他老太爷做得异常的舒服。这点人情于他也有必要,否则他的思想上的芒角一定要愈长愈多。人是逃不了一个软弱——也许除了丁大哥。他真是个铁铮铮的汉子。

　　基金讲座的消息转教我发愁。你是最知道我的,我就不是个学者,教书也只能算是玩票,如今要我正式上台我有些慌。且不说外面的侧目,我确是自视阙然,觉得愧不敢当。我想辞,你以为怎样,老大哥?讲座的全部名单报上有发表否,文科另有那几位?

　　我和老太爷已见面相当和解了,他身体亦不健,血压高到一百八十,我有些愁,但他还是勇猛任事,正在组织一大华银行,他是董事长。他问候你。

　　小曼另有回信。万一我下月事实上还不能移家向北,我这孤身汉子怎么办。你府上真是享福到一百二十分,我只是有些过不去，这是我的未能免俗处也许。

南来作品除三两首诗，续成一篇小说外别无可说。我的《猛虎集》不久印得，第三期《诗刊》亦已付印——又没有你的文章！洵美每天见面。

请告丁嫂史小姐，他们的相片请一朋友洗印被带到日本去了，但不日可寄来，都不错。

志摩候好　八月十三日

还有一件事，孙大雨又译了几百行哈姆雷德，颇见笔力，他决定先译 King Lear，我想他是 at least as good as any of us。我举荐他给你的译会。如其他答应五个月内交稿，他可否希望先支用二百块钱？请复信。

说起上月女大的二百六十薪金，不知是否已由杨宗翰付交给你。现在又等着用七月份的钱了，不知月中旬有希望否，迟到二十五不来，我又该穷僵了。兴业还是挂着账。你回北京时请为代询，如发薪有期，可否仍照上月办法，请你给我一张你的支票？

志摩

一九三一年九月十四日

适之：

"皮王"那个电其实是皮周，当天他们又飞缄雪艇，再作拦截。我的信到后，你们当可明白情形。慰慈已定回平，不成问题。我们本定十六离宁，十八到平，不意小曼又连发了几次寒热。我在南京又有事须逗留一天，结果至早恐须十七过江。离沪时更容电告，还有大雨的事，也使我觉得为难。他非得有一个月的薪水到才能走路，他去电要钱，师大回电叫他借钱上路，"到平后再行筹还"。大雨颇不高兴，认为来意不诚，他需钱是实情，我也穷得自身难保，又不能借钱给他。他到北平，本由我一手经理，因为源宁急于要人，我所以一面替他挡开武大安大，一面又挡开光华暨南，不想师大到今天还无钱寄来。我前天电致源宁，请他电汇，今天还未得回信。我们三人本定同走的，现在要把他撇下，实在是不好意思。这信到时，烦劳老大哥再电源宁一问，无论如何得寄他至少三百元，否则大雨一怒，不去北平倒还没有什么，如果连累他半年失业，我如何过意得去！

象赞收到。我代我的侄儿叩谢，以后再不敢多"托"，请放心。

太太居然先听到老罗艳迹，奇极，但此事又非得是我才是权威。方才大雨说老罗是基督耶稣，你懂吗？

一切见面谈。

志摩　十四日

一九三一年×月×日（片段）

那丹麦王子 Iharhm rpuievashialin 变了我的态度，整天整夜的后脑子想，也是想不清一条干脆的路子，适之——我的心真碎了！

在北京朋友里，我只靠旁着你，你不要抛弃我，无论在什么时候，你能允许我吗？

适之，我替你祈祷，你早早恢复健康，我们不能少你的帮忙，你应该做的事情多着哩。

致成仿吾

一九二三年三月二十一日

仿吾兄：

得书甚喜。达夫真是妙人。A. Bennett 以写实精确称，闻其父死时，彼从容自若，持纸笔旁立，记其家人哭泣之况。达夫颇相仿佛。

承赞，愧不敢当。《创造》多排英字，不费事否？我有专恳于君者一事，即原稿务希代为加意保存，尤勿污涂为感。文虽无足轻重，而是稿则为我友彻旦之功，故我珍之重之，不惮烦言恳嘱也。

贵社诸贤向往已久，在海外每厌新著浅陋，及见沫若诗，始惊华族潜灵，斐然竟露。今识君等，益喜同志有人，敢不竭驽薄相随，共辟新土。

兄评衡立言有方，持正不阿，亦今日所罕见。至望锲之不舍，以建风格。

裴德译事，虑之已久，少问当试为之。

达夫诸兄均此，敬问撰安。

徐志摩　三月二十一日

一九二三年四月×日

仿吾兄：

来书附稿及《创造》两册都收，谢谢，沫若先生已归，至喜。不知有来京意否？

我亦久已想游四川——"峨眉山月半轮秋"不时的在恼我，但不知何时得偿此愿？雅典主义，手势戏——我笑到今天还不曾喘过气来。且看那位大主笔怎样来答辩！

《创造》此地颇不易买到，能再寄我两份否？至感。

《辛夷集》很精，我颇想作一小评。

达夫何日回京？祖母之死已脱稿否？

我在文友会的一篇演讲稿，叫作 Personal Impressions of H. G. Wells, Edward Carpenter and Katherine Mansfield，《创造》要否？田汉的莎译看过否？以为何似？

志摩

致赵景深

一九二三年九月六日

景深：

　　你八月十三的信今天方才转到，京寓误事，深怕你盼复已久。我十一离京去北戴河，不久即为祖母病危急急的南回。老人的病竟不起，她生前爱我最深而弥留前竟不能通一言为诀，甚令悲怆！

　　关于译小说事盼即直接与博生通信（附信介绍）。能试译哈代，最合我意，Kipling 亦可尝试。我大约月底方能到沪，泰氏如来则十月初偕同北上，尔时当可会面。

　　诸友皆佳。

志摩　九月六日

致张友鸾

一九二三年六月十六日（片段）

第二节是作诗人自对自的话；第三节是作诗人与"希望"的商量。通篇是想系的：我想系到埋希望于松林，埋好了在墓前悲怆等……都只是我霎那间想系的事实，并不是实有其事。

"聚乐与琤玜"与"清冷与新墓"，我看不出冲突。

通篇的主义只是描写一个理想主义者临到了失望的境界却不肯投服绝望的情绪与悲怆，这一点是全诗之意……

徐志摩　六月十六日

致陈西滢

一九二三年八月二十八日

通伯：

我的祖母死了！从昨晚十时半起，到现在，满屋子只是号咷呼抢的悲音，与和尚，道士，女僧的礼忏鼓磬声。二十年前祖父丧时的情景，如今又在眼前了，忘不了的情景！你愿否听我讲些？

我一路回家，怕的是也许已经见不到老人，但老人却在生死的交关仿佛存心的弥留着，等待她最钟爱的孙儿——即不能与他开言诀别，也使他尚能把握她依然温暖的手掌，抚摸她依然跳动着的胸怀，凝视她依然能自开自阖虽则不再能表情的目睛。她的病是脑充血的一种，中医称为"卒中"（最难救的中风）。她十日前在暗房里蹶仆倒地，从此不再开口出言，登仙似的结束了她八十四年的长寿，六十年良妻与贤母的辛勤，她现在已经永远的脱辞了烦恼的人间，还归她清静自在的来处。我们承受她一生的厚爱与荫泽的儿孙，此时亲见，将来追念，她最后的神化，不能自禁中怀的摧痛，热泪暴雨似的盆涌，然痛心中却亦隐有无穷的赞美。热泪中依稀想见她功成德备的微笑,无形中似有不朽的灵光,永远的临照她绵衍的后裔……

志摩　附复

致林徽因

一九二四年五月二十二日（片段）

我真不知道我要说的是什么话；我已经好几次提起笔来想写，但是每次总是写不成篇。这两日我的头脑总是昏沈沈的，开着眼闭着眼却只见大前晚模糊的凄清的月色，照着我们不愿意的车辆，迟迟的向荒野里退缩。离别！怎么的叫人相信？我想着了就要发疯。这么多的丝，谁能割得断？我的眼前又黑了。

一九三一年七月七日

徽因：

我愁望着云泞的天和泥泞的地，直担心你们上山一路平安，到山上大家都安好否？我在记念。

我回家累得直挺在床上，像死人——也不知那来的累。适之在午饭时说笑话，我照例照规矩把笑放上嘴边，但那笑仿佛离嘴有半尺来远，脸上的皮肉像是经过风腊，再不能活动！

下午忽然诗兴发作，不断的抽着烟，茶倒空了两壶，在两小时内，居然诌得了一首，哲学家上来看见，端详了十多分钟，然后正色的说"It is one of you very best."但哲学家关于美术作品只往往挑错的东西来夸，因而，我还不敢自信，现在抄了去请教女诗人，敬求指正！

雨下得凶，电话电灯会断。我讨得半根蜡，匍伏在桌上胡乱写。上次扭筋的脚有些生痛。一躺平眼睛发跳，全身的脉搏似乎分明的觉得。再有两天如此，一定病倒——旦希望天可以放晴。

思成恐怕也有些着凉，我保荐喝一大碗姜糖汤，妙药也！宝宝老太都还高兴否？我还牵记你家矮墙上的艳阳。此去归来时难说完，敬祝山中人"神仙生活"，快乐康强！

脚疼人　洋郎牵（洋）牛渡（洋）河夜

你　去

你去，我也走，我们在此分手；
你上那一条大路，你放心走，
你看那街灯一直亮到天边，
你只消跟从这光明的直线！
你先走，我站在此地望着你：
放轻些脚步，别教灰土扬起，
我要认清你远去的身影，
直到距离使我认你不分明。
再不然，我就叫响你的名字，
不断的提醒你，有我在这里，
为消解荒街与深晚的荒凉，
目送你归去……
不，我自有主张，

致林徽因

你不必为我忧虑；你走大路，
我进这条小巷。你看那株树，
高抵着天，我走到那边转弯，
再过去是一片荒野的凌乱；
有深潭，有浅洼，半亮着止水，
在夜芒中像是纷披的眼泪；
有乱石，有钩刺胫踝的蔓草，
在守候过路人疏神时绊倒，
但你不必焦心，我有的是胆，
凶险的途程不能使我心寒。
等你走远，我就大步的向前。
这荒野有的是夜露的清鲜；
也不愁愁云深裹，但求风动，
云海里便波涌星斗的流泵；
更何况永远照彻我的心底，
有那颗不夜的明珠，我爱——你！

　　　　　　　　　七月七日

致凌叔华

一九二四年秋

  我准是让西山的月色染伤了。这两天我的心像是一块石头,硬的,不透明的,累赘的,又像是岩窟里的一泓止水,不透光的,不波动的,沈默的。前两天在郊外见着的景色,尽有动人的——比如灵光寺的墓园,静肃的微馨的空气里,峙立着那几座石亭与墓碑,院内满是秋爽的树荫。院外亦满是树荫的秋爽,这墓园的静定里,别有一种悲凉的况味,听不着村舍的鸡犬声,听不着宿鸟的幽呼声,有的只是风声,你凝神时辨认得出他那手指挑弄着的是那一条弦索,这紧峭的是栗树声,那扬沙似潇洒的是菩提树音,那群鸦翻树似海潮登岩似的大声是白杨的狂啸。更有那致密的细渡啮沙碛似的是柏子的漏响——同时在这群音骈响中无边的落叶,黄的,棕色的,深红的,黯青的,肥如掌的,卷似发的,细如豆的,狭如眉的,一齐乘着无形中吹息的秋风,冷冷的斜飘下地,他们重绒似的铺在半枯的草地上,远看着像是一扃仰食的春蚕,近睇时,他们的身上都是密布着,针绣似的,虫牙的细孔,他们在夏秋间布施了他们的精力,如今静静的偃卧在这人

致凌叔华

迹稀有的墓园里，有时风息从树枝里下漏，他们还不免在他们"墓床"上微微的颤震，像是微笑，像是梦魇，像是战场上僵卧的英雄又被远来的鼓角声惊扰！那是秋，那是真宁静，那是季候转变——自然的与人生的——的幽妙消息。××，我想你最能体会得那半染颜色，却亦半褪颜色的情调与滋味。

我当时也分不清心头的思感，只觉得一种异样甜美的清静，像风雨过后的草色与花香，在我的心灵底里缓缓的流出，（方才初下笔时我不知道我当时曾经那样深沈的默察，要不然我便不能如此致密的叙述。）我恨不能画，辜负这秋色；我恨不能乐，辜负这秋声。我的笔太粗，我的话太浊，又不能恰好的传神这深秋的情调与这淡里透浓的意味；但我的魂灵却真是醉了，我把住了这馥郁的秋酿□巨觥，我不能不尽情的引满，那滑洌的洌液淹进了我的咽喉，浸入了我的肢体，醉塞了我的官觉，醉透了我的神魂：××假如你也在那静默的意境里共赏那一山淡金的菩提，在空灵中飞舞，潜听那虫蚀的焦叶在你脚下清脆的碎裂！

更有那冷夜□月影；除是我决心牺牲今夜的睡，我再不敢轻易的挑动我的意绪！炉火已渐缓，夜□从窗纱里幽幽沈入。我想我还是停笔的好，要不然抵拼明日的头痛。但同时"秋思"仍源源的涌出——内院的海棠已快赤里，那株柿树亦已卸却青裳，只剩一二十个浓黄的熟果依旧高高的紧恋着赤露的枝干。紫藤更没有声息，榆翁最是苍苍的枯秃——我内心的秋叶不久也怕要飘尽了，××，你替我编一支丧歌罢！

志摩寄思

一九二四年十一月二十三日

今天又是奇闷；听了刘宝全以后，与蒋××回家来谈天，随口瞎谈，轻易又耗完半天的日影，王××也来了，念了几篇诗，一同到春华楼吃饭。又到正昌去想吃冰淇淋，没了！只得啜一杯咖啡解嘲，斜躺在舒服的沙发上，一双半多少不免厌世观的朋友又接着谈，咖啡里的点缀是鲜牛酪，谈天里的点缀是长吁与短叹，回头铺子要上门了，把我们撵了出来，冷清清的街道，冷冰冰的星光，我们是茫茫无所之，还是看朋友去。朋友又不在家，在他空屋子里歇了一会儿，把他桌上的水果香烟吃一个精光，再出来到王××寓处，呆呆的坐了一阵子，心里的闷一秒一秒的增加了——不成，还是回老家做诗或是写信或是"打坐"吧。惭愧。居然涂成了十六行的怪调，给你笑一笑或是绉一绉眉罢。

为要寻一颗明星

我骑着一匹拐腿的瞎马，
向着黑夜里加鞭；——
向着黑夜里加鞭，
我骑着一匹拐腿的瞎马！

我冲入这黑绵绵的荒野，
为要寻一颗明星；——
为要寻一颗明星，
我冲入这黑连连的荒野。

累坏了，累坏了我胯下的牲口，
那明星还不出现；——
那明星还不出现，
累坏了，累坏了马鞍上的身手。

> 致凌叔华

　　这回天上透出了，水晶似的光明，
　　黑夜里倒着一只牲口，
　　荒野里躺着一具尸首，——
　　这回天上透出了水晶似的光明！

十一月二十三日夜十时

一九二四年×月×日（片段）

　　今天下午我成心赖学，说头疼（是有一点）没去，可不要告诉我的上司，他知道了请我吃白眼，不是玩儿的。……真是活该报应，刚从学生那里括下一点时光来，正想从从容容写点什么，又教两个不相干的客人来打断了，来人也真不知趣，一坐下就生根，随你打哈欠伸懒腰表示态度，他们还你一个满不得知！这一来就花了我三个钟头！我眼瞟着我刚开端的东西，要说的话尽管在心坎里小鹿似的撞着，这真是说不出的苦呢。他们听说这石虎胡同七号是出名的凶宅，就替我着急，直问我怕不怕，我的幽默来了，我说不一定，白天碰着的人太可怕了，小可胆子也吓出了头，见鬼就不算回事了！×，你说你生成不配做大屋子的小姐，听着人事就想掩耳朵，风声，鸟闹（也许疯话）倒反而合式；这也是一种说不出口的苦恼。我们长在外作客的，有时也想家，（小孩就想妈妈的臂膀做软枕……）但等到回了家，要我说老实话时，我就想告假——那世界与我们的太没有亲属关系了。就说我顶亲爱的妈罢，她说话就是画圆圈儿，开头归根怨爸爸这般高，那般矮，再来就是本家长别家短，回头又是爸爸——妈妈的话，你当然不能不耐心听，并且有时也真有意味的见解，我妈她的比喻与"古老话"就不少，有时顶鲜艳的；但你的心里总是私下盼望她那谈天的（该作谈"人"）的轮廓稍为放宽一些。这还是消极一方面：你自己想开口说你自己的话时那才真苦痛；在她们听来你的全是外国话，不直叫你疯还是替你留点子哪！真是奇怪，结果你本来的话匣子也就发潮不灵了。所以比如去年这个时候，我在家里被他们硬拉住了不放走，我只得恳请到山脚下鬼窝庐里单独过日子去。那一个来月，倒是顶有出息，自己也还享受，看羊吃草，看狗打架，看雨天雾濛里的塔影，坐在"仙人石"上看月亮，到庙前听夜鸮与夜僧合奏的妙乐，再不然就去戏台里下寄宿的要饭大仙谈天——什么都是有趣，只要不接近人，尤其是体面的。说起这一时山庐山才真美哪，满山的红叶，白云，外加雪景，冰冷的明星夜（那真激人），各种的鸟声，也许还有福分听着野朋友的吼声……□我想着了真神往，至少我小部分的灵魂还留在五老峰下，栖贤桥边（我的当然纯粹是自然的，不是浪漫的春恋）。那边靠近三叠涧，有一家寒碧楼是一个贵同乡，我忘了谁的藏书处，有相当不俗的客时，主人也许下榻。假如我们能到那边去过几时生话——只要多带诗笺画纸清茶香烟（对不住，这是一样的必需品），丢开整个的红尘不管不问，岂不是神仙都不免要妒羡！今年的夏天过得不十分如意，一半是为了金瓜，他那哭哭啼啼的，你也不好意思不怜着点儿不是？但这一怜你就得管，一管，你自个儿就毁。我可不抱怨，那种的韵事也是难得的，不过那终究是你朋友的事。就我自己说，我还不大对得住庐山，我还得重去还愿，但这是要肩背上长翅膀的才敢说大话，×，您背上有翅膀没有？有就成，要是没，还得耐一下东短西长！说也怪，我的话匣子，对你是开定的了，管您有兴致听没有，我从没有说话像对你这样流利，我不信口才会长进这么快，这准是×教给我的，多谢你。我给旁人信也会写得顶长的，但总不自然，笔下不顺，心里也不自由，不是怕形容词太粗，就提防

致凌叔华

那话引人多心，这一来说话或写信就不是纯粹的快乐，对你不同，我不怕你。因为你懂得，你懂得因为你目力能穿过字面，这一来我的舌头就享受了真的解放，我有着那一点点小机灵就从心坎里一直灌进血脉，从肺管输到指尖，从指尖到笔尖，滴在白纸上就是黑字，顶自然，也顶自由，这真是幸福。写家信就最难，比写考卷还不易，你提着笔（隔几时总得写）真不知写什么好——除了问妈病或是问爸要钱！……

一九二四年×月×日（片段）

今天整天没有出门，长袍都没有上身，回京后第一次"修道"，正写这里你的信来了，前半封叫我点头暗说善哉善哉，下半封叫我开着口尽笑自语着捉掐捉掐！××，你真是个妙人，真傻，妙得傻，傻得妙——真淘气，你偏爱这怪字，傻，多难写，又像糇子的糇字，他那一个钢叉四颗黑豆，真叫人写得手酸心烦！你想法子改一个好否？要不然我们就想法子简笔，再要不然，我宁可去学了注音字母来注音，这钢叉黑豆八字胡子小果橙儿放在一堆的顽意儿实在有些难办！好呀，你低着头儿，"钢叉黑豆八字胡子果橙儿连在一起"（我宁可这样来顺手）的笑，谁知道你在那里捉掐出坏主意哪！什么枣子呀，苹果呀，金瓜呀，关刀呀，铁锤呀，圆球呀，板斧呀全到门了，全上台了，真有你的，啊！你倒真会寻乐，我说得定你不仅坐在桌上吃喝时候忍不住笑，就是你单个儿坐在马车里，睡在被窝里，早上梳洗的时候，听先生讲书的时候——想着那一大堆水果鲜果兵器武器（而且你准想着）你就掌不住笑，我现在拿起你末了那张信页放在耳朵边听时都好像还听你那格支格支的"八字胡子"等等的笑哪！

北京人说"损",大姑儿你这才损哪!我想我以后一定得禁止你画画了。真是,信上写着就叫人够受,你要是有兴致时,提起管夫人来把什么金瓜脸马脸(对呀,你还忘了张彭春哪!)青龙偃月刀脸等等全给画了出来,再回头广告讽刺画滑稽写真的展览会可不是玩儿!真得想法子来制度你才好,你知道现在世界上最达观最开通不过我们的萧伯纳。他是超人至人。但是他有一次也真生了气,他闷了好几天哪,为的是有一位与尊驾有同等天才的Max Beerbom 开了他一个小顽笑——他画一个萧伯纳,头支着地板,脚顶着天花板,胡子披一个潇洒出群,谁看了都认识是"萧",谁看了都得捧着肚子笑,萧先生自己看见了可真不乐意,他没有笑——那画实在太妙了,所以你看你这捣乱正,是政府派说的危险分子,以后碰着你得特别小心才是,要不然就上你当。让你一个人直乐——我们卖瓜果的准吃大亏!

　　真淘气的孩子,你看,累得我罗唆了老半天没有说成一句话。本来我动手写信时老实说,是想对你发泄一点本天的闷气,太阳也没出来,风像是哭,树上叶子也完了,几根光光的枝杈儿在半空里擎着,像是老太太没有牙齿关不住风似的,这看了叫人闷气。我大声的念了两遍雪莱的西风歌,正合时,那歌真是太好了,我几时有机会伴着你念好吗?……

一九二四年×月×日

　　准有好几天不和你神谈了,我那拉拉扯扯半疯半梦半夜里袅笔头的话,清醒时自己想起来都有点害臊,我真怕厌烦了你,同时又私冀你不至十分的厌烦,×,告诉我,究竟厌烦了没有?平常人听了疯话是要"半掩耳朵半关门"的,但我相信倒是疯话里

致凌叔华

有"性情之真",日常的话都是穿上袍褂戴上大帽的话,以为是否?但碰巧世上最不能容许的是真——真话是命定淹死在喉管里的,真情是命定闷死在骨髓里的——所以"率真"变成了最不合时宜的一样东西。谁都不愿不入时,谁都不愿意留着小辫子让人笑话,结果真与疯变成了异名同义的字!谁要有胆不怕人骂疯才能掏出他的真来,谁要能听着疯话不变色不翻脸才有大量来容受真。得,您这段罗唆已经够疯。不错,所以顺着前提下来,这罗唆里便有真,有多少咬不准就是!

……不瞒你说,近来我的感情脆弱得不成话:如其秋风秋色引起我的悲伤,秋雨简直逼我哭。我真怕。昨夜你们走后,我拉了巽甫老老到我家来,谈了一回,老老倦得老眼都睁不开,不久他们也走了,那时雨已是很大。……好了,朋友全走了,就剩了我,一间屋子,无数的书。我坐了下来,心像是一块磨光的砖头。没有一点花纹,重滋滋的,我的一双手也不知怎的抱住了头,手指禽着发,伏在桌上发呆,好一阵子,又坐直了。没精打采的,翻开手边一册书来不用心的看,含糊的念,足足念一点多钟。还是乏味,随手写了一封信给朋友,灰色得厉害,还是一块磨光的砖头,可没有睡意,又发了一阵呆,手又抱着了头,……呒!烟士披里纯来了,不多,一点儿,扣一根烟再说。眼望着螺旋形往上袅的烟,……什么,一个旷野,黑夜……一个坟,——接着来了香满园的白汤鲫鱼……呒。那可不对劲……鱼,是的,捞鱼的网……流水……时光……捞不着就该……有了,有了,下笔写吧——

   问谁?阿,这光阴的嘲弄
   问谁去声诉,
   在这冻沉沉的星夜,凄风

69

吹着她的新墓?

"看守,你须耐心的看守
这活泼的流溪,
莫错过,在这清波里优游,
青脐与红鳍!"

这无声的私语在我的耳边
似曾幽幽的吹嘘——
像秋雾里的远山,半化烟
在晓风里卷舒。

因此我紧揽着我灵魂的绳网。
像一个守夜的渔翁,
竞竞的,注视着那无尽流的时光,
私冀有彩鳞掀涌。

如今只余这破烂的渔网——
嘲讽我的希冀,
我喘息的怅望着不返的时光;
泪依依的憔悴!

又何况在这黑夜里徘徊:
黑夜似的痛楚:
一个星芒下的黑影凄迷——
留连着一个新墓。

致凌叔华

问谁?……我不敢抢呼,怕惊扰
这墓底的清淳;
我俯身,我伸手向着它搂抱——
呵,这半潮湿的新墓!

这惨人的旷野无有边沿,
远处有村火星星。
丛林里有鸱鹗在悍辩——
坟边有伤心只影。

这黑夜,深沈的环包着大地,
笼罩着你与我——
你,静凄凄的安眠在墓底;
我,在迷醉里摩挲!

正愿天光更不从东方
按时的泛滥,
让我永久依偎着这墓旁——
在沈寂里消幻!

但青曦已在那天边吐露,
苏醒的林鸟
已在远近间相应的喧呼——
又是一度清晓。

不久,这严冬过去,东风
又来催促青条;

71

>便妆缀这冷落的墓墟丛。
>亦不无花草飘飘。
>
>但我爱，如今你永远封禁
>在这无情的墓下，
>我更不盼天光，更无有春信——
>我的是无边的黑夜！

完了，昨夜三时后才睡。你说这疯劲够不够？这诗我初做成时，似乎很得意，但现在抄誊一过，换了几处字句，又不满意了。你以为怎样，只当他一首诗看，不要认他有什么Personal的背景，本来就不定有。真怪，我的想象总脱不了两样货色，一是梦，一是坟墓，似乎不大健康，更不是吉利，我这常在黑地里构造意境，其实是太晦色了，×你有的是阳光似的笑容与思想，你来救度救度满脸涂着黑炭的顽皮××吧！

一九二四年×月×日

不想你竟是这样纯粹的慈善心肠。你肯答应常做我的"通信员"。用你恬静的谐趣或幽默来温润我居处的枯索，我惟有泥首！我单怕我是个粗心人，说话不瞻前顾后的，容易不提防的得罪人；我又是个感情的人，有时碰着了怅触，难保不尽情的吐泄，更不计算对方承受者的消化力如何！我的坏脾气多得很，一时也说不尽。同时我却要对你说一句老实话。××，你既然是这样的诚恳，真挚而有侠性。我是一个闷着的人，你也许懂得我的意思。我一辈子只是想找一个理想的"通信员"，我曾经写过日记，

致凌叔华

任性的泛滥着的来与外逼的情感。但每次都不能持久。人是社会性的动物，除是超人，那就是不近人情的。谁都不能把挣扎着的灵性闷死在硬性的躯壳里。日记是一种无聊的极思（我所谓日记当然不是无颜色的起居注）。最满意最理想的出路是有一个真能体会，真能容忍，而且真能融化的朋友。那朋友可是真不易得。单纯的同情还容易，要能容忍而且融化却是难。与朋友通信或说话，比较少拘束，但冲突的机会也多，男子就缺乏那自然的承受性。但普通女子更糟，因为她们的知识与理性超不出她们的习惯性与防御性，她们天生高尚与优秀的灵性永远钻不透那杆毛笔的笔尖儿。理性不透彻的时候，误会的机会就多，比如一块凹形的玻璃，什么东西映着就失了真象。我所以始终是闷着的。我不定敢说我的心灵比一般的灵动些，但有时心灵活动的时候。你自己知道这里面多少有真理的种子，你就不忍让他闷死在里面，但除非你有相当的发泄的机会与引诱时。你就不很会有"用力去拉"的决心。虽则华茨华士用小猫来讽喻诗人：他说小猫好玩，东跳西窜的玩着树上的落叶，她玩她的，并不顾管旁边有没有人拍手叫好，所以艺术家的工作也只是活力内迫的结果，他们不应当计较有没有人赏识。但这是理论。华老儿自身就少不了他妹妹挑绿水的灵感与同情。我写了一大堆，我自己也忘了我说的是什么！总之我是最感激不过，最欢喜不过你这样温和的厚意，我只怕我自己没出息，消受不得你为我消费的时光与心力！

×年×月×日（片段）

我不能不信人生的底质是善不是恶，是美不是丑，是爱不是恨；这也许是我理想的自骗，但即明知是自骗，这骗也得骗，除是到了真不容自骗的时候,要不然我喘着气为什么?

×年×月×日

叔华:

　　我又忍不住要写信给你了。这时候,我单身在西湖楼外楼,风还是斜,雨还是细。我这愁人的心曲,也就不言而喻了。堂倌倒颇知趣,菜也要得,台上有鱼有虾,有火腿。半通远年已经落肚,四肢微微生暖。想起适之,彭春与你,就只你们三位可认领略这风雨中的幽趣,可以不辞醉的对案痛饮,可以谈人生的静,——此外都不成了。

致刘海粟

一九二五年七月三十一日

海粟我兄：

　　因景秋知前晚病热昏沈中承惠访，未及一谈，为罪。顷已强病北来，京津雨水不鲜，天时凉爽，逃沪亦一乐也。欲与兄谈事颇多，然非面对不能畅，今又隔千里，奈何！然旧历七月中尚须归家。过沪时当图一叙。此次相见太匆匆，亦太热也。北京闻潦水泞道，交通甚难。然泞道难，不欲奇热相逼。况我固不能一忽离京者乎？

　　小鹅，若谷，济远诸兄均候！

十四年七月末日

一九二五年九月二十四日

海粟：

　　歆海今早去沪，见时可知详情；你可以去电万升医院找他。

展览会的事承你好意，我们很感激。我一半天就去找仁山去，再给你通信。

文章别忘了做，滕固兄处代致意。我这半年立志不受"物诱"，办我的报，教我的书，多少做一点点人的事业。要不然真没有脸子见朋友了。

棣华见了没有？我有点急，但愿那电报没有闯祸，否则歆海怎对得起人。你再来信。

德生诸友均佳。

志摩　九月二十四日

一九二五年十月一日

海粟：

来书言之慨然。世固俗极陋极，不可以为伍，则惟有斗之斥之，以警其俗而破其陋。海粟豪爽，曷兴乎来共作战矣。讲义收到，今晚阅过，不禁笔痒，一起遂不可止。得三千言，且较原文愈倍矣。我言甚朴，因不愿听公教之。

歆海犹未归。失意事多可叹！然得意亦尔尔，或不如失意为饶诗意焉，则亦无可比量矣。

副刊新图案何似？胡不为我造新？

老牛竟未谋面，不识最近内情。兄欲举荐者谁？荷见知。

画来均当披露。画报特刊容与博生商之。

志摩　十四年十月一日

致刘海粟

一九二五年十月二十九日

海粟我友：

　　连奉二函，铭感深矣。战事起，百凡停顿。展览事亦受影响，真闷损人。承问近来心绪，诚如君言，较前安适多矣。小曼身世可怜，此后重新做人，似亦不无希望，天无绝人之路，于此验矣。承嘱将护，敢不加勉！见时当为道及，曼必乐闻。兄欧游极忙，行严如留，所说事当易办到，容见时先为道及。康吴朱诸老固所忻慕。适之有此接洽，令我咽唾不置。此后再有机会，定须为我想法。我海外交游类皆如此，亦十有八九老人忘年交，有时最真切也。适之久恋上海，此间无目不盼，岂有此理！告他我的头颈已经丝瓜长了。滕固兄小说胡尚迟迟？晨报不到，想为交通阻绝故。新学制容问得再闻。即候艺安！

　　　　　　　　　　　　　　志摩　十四年十月二十九日

一九二六年九月三日

海粟我兄：

　　你曾经几次要我题跋你的作品，我却不敢遵命。因为我实在不能说是懂得美术，勉强的事情我是不来的。这次你又来要我破例；我先看了信，心想海粟何必一定得窘着我，眉头不由的发绉了。但等看了你信里附来的那几张作品的缩印，我不仅放开了眉头，并且在心里感到新来的惊讶和欢喜。真的，我这几天逢着有朋友来，就拿这些画给他们看说："你看，再不用怀疑这画家的力量；若说这还不是艺术，我不知道艺术是什么。"

海粟，你这次寄来的六幅画里确是有使人十分羡慕，甚至讶异的东西。我说这话似乎有充内行的意思，但是不，我只说我这回才在我自身的脉搏上觉出了你的艺术的表现的力量。你要我在每张上题句，但那办法有些迹近复古，我觉得不敢尝试。我决意写这信去当替代，说话也来得方便，恳切，我想你一定可以原谅的。

这次你寄来的，虽则只是原画缩印，却使我得到深刻的印象。《西溪》的布局，《秦淮渡舟》的配置与色感，都显出你的特长。最应得赞赏的是那幅《南高峰绝顶》；在我看来这是你的杰作。在这里，第一，我觉得你的笔力，那是原来强的，得到了充分却又有节度的施展，这显出你的功夫的纯熟；第二，我感到通体节奏（rhythm）的纯粹，从地下的泥土到枯树的末梢，没一点不表出艺术的匠心周密，没一点不激荡切题的情感：这是一首画着的诗；第三，我不能不惊你的色感的兴奋，你能用这多强烈的色彩，却不让色彩的强烈带了你走，这真不是偶然做得到的，这是一个灵感，一个意境的完全的表现，这是艺术。我不能不表示我的敬意！

海粟，你的精力是可以的；我常常替你担忧，因为你在上海"非艺术"的责任太多，太重，体气娇些的竟许早叫压倒了。但你还是这自在的矫健，真使我欣慰。但俗累终究不是艺术家的补剂，海粟，你有的是力量，你已经跑到了艺术的海边，你得下决心绷紧了腰身往更深处跑，那边你可以找到更伟大的伙伴：梵高，石涛，梯青，塞尚。

志摩敬上　十五年九月三日

致刘海粟

一九二六年十月二十六日

  猥处乡陬,报亦不看。顷偶去商会,见新闻报,言及美专风潮事。觅旧报已不得,正拟书问,手示适来。然则究何因为然耶?兄如居沪不怡,何妨径行来硖,新庐尽可下榻。饭米稍粗,然后圃有蔬,汲井得水,听雨看山,便过一日。尘世喧烦,无由相逼。曼亦安居甚旷适。惟近日病眼,不能书写,甚盼兄能贲临,相与共数晨夕。围炉煮茗,并抒衷曲,何似在海上烦恼丛中讨生活也。家君因事北去,此间益形清索。兄如来能带零星画布尤佳。小鹣婚期已迫,虑不及趋贺。他日到沪,再当拜谒。吉日希饬役代买花篮申贺(或加入尊处公份亦可)。草率,并希代解。此致海粟我兄。

志摩 十五年十月二十六日

一九二六年十二月十一日

海粟我兄:

  连得两函敬荷。小鹣大婚想有一番热闹,不及亲贺为歉。曼日来又不爽健,早晚常病,以此生愁。天时又阴寒迷塞,令人不欢。足下所谓热度固然可以救寒,未能阻病奈何奈何!足下何日来,希早示知。时局颇迫,或年内尚不免逃难。令侄译成钜著可贺,译笔亦似见过,颇明净。嘱写序,实有所惧。摩尝赠胡蔡专作序。我不为序,不为人序,亦不序自作书:此固非牢不可破,然能躲即躲。在京却请已不知几何,此次令侄书出,看过或为草一短评何似？能豁我最盼！并希转告思训兄，多多原谅。说起此书，老蔡定乐为之序。胡不一问？《上海画报》十一月二十四日一期，有张秋帆为曼母纪事一则，请为买一份寄来，谢谢！又《晶报》能为代定否？摩曼均候。

志摩　十五年十一月初七

一九二九年四月二十五日

海粟：

多谢多谢。你们海外欢畅中不忘向隅的故人。看你们署名的凌乱，想见醉态与欢畅，怎叫我在万里外不深深的艳羡！巴黎是有意味不是？人情的美最令相思无已。常玉家尤其是有德有美。马姑做的面条又好吃，我恨不得伸长了一张嘴到巴黎去和你们共同享福。老谢想已在涂，到时期一度畅叙，可惜洵美丁忧了，否则他的兴致也一定不浅。

海粟，你到了欧洲，到了巴黎，方觉得到了家。不是我想，你一定悔不早行。巴黎的风光更有那处的可比？我也早晚只想再长翅膀，得往外飞腾。上海生活折得死人，怎么也忍耐不下去！昨有友人自长江上游来信云：在峡流湍急间，遇到一位剑客，简直是侠传中人物。当面小试法术；用三昧真火烧烬案上一盒火柴。而留某数不烬，真令人拤舌不解，如此说来，世界是大，做人也未始没有意外的趣味。我因此又动游踪，想逆江而上，直探峨眉。但不知能如愿否？美展已快圆满功德，古代书画所荟精品，真一大观，洵是空前盛举。美展三日刊已出六期，我嘱每期寄十份，想早见。文字甚杂，皆清磐在张罗，我实无暇兼顾。我与悲鸿打架一文，或可引起留法艺术诸君辩论兴味。如有文字，

致刘海粟

盼多多寄来！新月随时可登。悲鸿经此，恐有些哭笑为难。他其实太过，老气横秋，遂谓天下无人也。来函署名承候者有相识者，有不相识者，有夙慕而未见者，顾皆我道中人。司徒乔颇有天才，兄定与相契。你们巴黎团体中能为我虚设一位否？秋风起时，志摩或者又翩然飞到与诸公痛饮畅叙，共醉巴黎。人生乐境宁有逾是者乎？伯鸿常见，曾言以得识我二人为生平快事，此公亦爽快可人矣哉。

巴黎诸友均候，玉的马特候候。

志摩敬拜　十九年四月二十五日

一九二九年七月八日

海粟：

好久不得你的信，想在念中，今日见济远，得悉你的移址后一切佳况，想来是够忙的。济远说，你来信问美展二日刊何以不寄给你，这却奇。我自己关照，开好地名，按期寄十份给你，由使馆转，难道你一期都不到手吗？也许使馆中人以为是普通印品，一到即送纸篓。美展几于完全是清磬主持，我绝少顾问。内容当然是杂凑，我只写了一封辩护塞尚的信。我要你看的亦无非此文与悲鸿先生的妙论而已。我是懒，近来懒散得疑心成了病。整天昏昏的，头也支不起，更不说用心。文章的债欠得像喜玛拉雅山一般高，一无法想。环境当然大有关系。我天天想到海边或山中去息一半月，准备暑后再认真做事，但急切又走不脱，真是苦恼。两月前本有到美国哈佛大学担任特别讲座希望，不幸又为丁文江中途劫去。所以一时还得在国内过朦胧生活。想起兄等在海外豪放兴致，何尝不神往。写至此，谢次彭来，与同去兆丰公园坐咖啡。正值倾盆大雨，杂谭文艺，凉风生座，稍觉快爽。下半年为谋生计，不得不教书。上海有光华，大夏来请。老谢等坚欲拉我去京，踌躇未有定计。即去宁亦不能完全离沪。宁之好处在于朋友多，并藉以一换周遭，冀新耳目。待决定时，当再报知。

梁宗岱兄常来函，称与兄甚莫逆，时相过从。此君学行皆超逸，且用功，前途甚大。其所译梵乐利诗，印书事颇成问题，兄不有信来言及交中华印乎？两月前我交去中华，伯鸿亦允承印。但左舜生忽作梗，言文词太晦，无人能懂，且以已见《小说月报》何不交商务云云，坚不肯受，以致原稿仍存我处，无法出脱，为此颇愧对梁君。今尚想再与伯鸿商量，请为代印若干部。如有损失，归我个人负担，不知成否？见梁君时，希婉转为述此意，迟早总可印成也。前托梁君代买廉价小绸帕，但不知如何？梁君忽寄来红丝绒一块，且尺寸过小，不能成衣。小曼仍要绸丝帕 Don Marche 的，上次即与梁君同去买，可否请兄再为垫付百方，另买些小帕子寄来。小曼当感念不置也。夫人知极佳胜为慰。公子又出风头，今日在济远处见相片，俨然巴黎人矣。兄如有暇，何不写些文章来？最好能按期寄通讯，随意谈巴黎之所闻见。《美周》正缺好稿，有来极欢迎。新作品照相亦盼多多寄回。国内风光，依然寂寞，非海外生力军来殊难振作也。专此敬念百福。

常玉贤伉俪张弦司徒乔兄均此。

志摩　十八年七月八日

一九二九年八月×日

海粟我兄：

你一再来信以及寄来的印本我都收到。每回我念你的信，我

致刘海粟

总感到惘然,一来为羡慕你在海外艺事精进,我在此一无是处;二来回想先前在海外时的风光,此时可念而不可即,如何能不惆怅?你想来已知道,谢次彭已发表比国代办,一月后即将离国,洵美亦挈家相从;这更叫我眼热。我是真想出去,但困难倒不完全在没有相当机会,我的心事:第一是我的母亲,她近来的身体简直是风中之烛,我如何能恝然远行;第二是小曼,她也是病不离身的过着日子,绝无希望能去外国。如果我出去是单为呼吸空气,打道就回的,那还容易。但我这回不去则已,要去决不能像上回似的走马看花。我的心愿是去翡冷翠山中住上半年光景,专事内心修养,能著作当然更妙。因为上海这样生活如再过一年二年,我即使有一二分灵机都快要到泪灭尽净的光景了,真是言之可惨。我不是超人,当然一半得靠环境。所以惟一的救命希望是去外国。海粟,我真是日常几于天天念着你和宗岱等,恨不能追随着你们一同过些有趣味的时日。但我还不至绝望,我想,你等着吧,也许今年夏秋间我们又能相见欢然话旧的了。国内事无从说起,文艺界并皆消沈到极点,还是不去说它吧。

你夫人补费的事次彭为你写过信,但不见效。据次彭说,只要叶楚伧一句话,陈和铣一定照办,吴稚老亦行,但不如叶,请你立即再想法。我们新月同人也算奋斗了一下,但压迫已快上身,如果有封门一类事发生,我很希望海外的同志来仗义执言。我的小说集即日可出,我寄几册给你。宗岱,我欠他无数的信债,我只能向他叩头求恕,敬念俪安。

　　　　　　　　　　　志摩敬候　十八年八月×日

一九三〇年十月二十六日

海粟我兄：

承常赐音问，得知老友徜徉琼天瑞地，逸兴遄飞，气概非凡。艳羡之余，只能瞑目遐想，追从兄等踪迹，醉心湖光山色间。迩来生活之匆忙乏味已臻绝境。奔走宁沪间，忍受冷板凳生涯，睡眠缺少，口舌枯瘦，性灵一端，早经束诸高阁。但俟有远飏机会，更期吐纳。在此决不能有何发展。兄今意兴正豪，千万弗遽萌归念。为语古人，故国风光，依然黯淡也。刘夫人已然孟晋从学，拜佩无限。承嘱事已向次彭谈过，他说此事须问陈和铣，他允向道的同时嘱语兄，即日送一呈请，致江苏教厅或由谢次彭转亦好，想不难成功也。伯鸿夏间患痢及积劳所致，近来稍好。此公真热心肠人，我敬之弥笃。中华新文艺丛书，我为收罗稿本已有二十余部，但皆未印得，转瞬满年，成绩一无可见为愧，然非我过也。明年此职至盼得赓续，兄如函伯鸿，乞便为道及。上半年幸兄与鸿公惠助，得坐享闲福许久，感念未可言宣。但中华总当为尽力，选书至慎，决不让做亏赔生意也。

宗岱太玄诸兄壮健，均念。此颂

俪福无量。

志摩　十九年十月二十六日

致刘海粟

一九三〇年十二月十日

海粟我兄：

连接故人海外归鸿，及画片手帕，欣慰不可胜言。居者懒，行者奋，亦未尝不自感愧。而此间生活，如蹈大泽，无可攀援，弗容支撑，且为奈何。公来柬感慨甚伙，弟胸中亦何尝不累累作响。但转念即宣诸赭墨，又济乌事？因之又复废然：此亦不常作书之一因也。公近作画幅，虽来者仅撮景，已使我异常讶异。章法笔力并见工夫，最近来两幅真已跻名彦之堂。海粟此行已不虚。罗浮之迹，瑞山之壮，行将络络自公手笔间传出，此不可喜孰可喜？海粟勉矣，国内画子亦伙颐，然求笔下有力，胸中有气如海粟者，盖无第二人。早年海粟之病，病不见高大。今海粟得其所矣。鱼在水，佛在山，海粟绾巴黎罗马之粹，复何可说？海粟而犹自虚抑，方以中选秋赛为喜，然秋赛何足以限海粟？今既窥得门径，宜如何搏全生之力以赴之；真美在群星辉耀间，人世毁誉岂足当一息之念哉？但昨见伯鸿，则又听到不怡消息。鸿公曰：海粟或且不得已而归国，此大不幸。我切切祈祷海粟能脱此危运。谚云：一鼓作气。海粟十余年来，譬如在暗室中冥盲擿埴，今乃得豁然见光明，此正一鼓足气，完成一生使命之机缘，奈何又复令中蹶？我谓鸿公，天佑艺术，弗再使海粟分心。果不知如何也。我意则宜劝海粟宁弃一学校而全艺术，况海粟不问学校固不至遂竭蹶也。不知海粟意如何耳？夫人补费事已详前函。次彭兄向陈和铣说项，但须正式来请求，盼即进行。夫人欧衣欧冠，丰致翩然，美哉。小曼得帕，乃如小儿汤饼，极快乐，嘱道谢，想是夫人之惠也。国内政治火迸，乃不如强盗，一宿三惊，必至令人人厌生而后已。海粟幸勿眷念此阿鼻地狱。

宗岱兄均念。

　　　　　　　　　　　　志摩　十九年十二月十日

一九三一年二月九日

海粟我兄：

这次第怎一个懒字了得，即道歉亦无从。半亦国内生活无善可说，因而每当提笔，辄不终笺而废。兄到欧后，天才横溢，常闻称道瑞士古罗马之游，更拓心胸，益发气概；偶读游记，想见海翁负杖放眼，光焰自生，未尝不神往心羡。可怜中国，云何谈艺。白海翁之西徂，更无一人能独立而不惧。时难，才亦不易，且为奈何。济远闻在巴黎，展览甚盛。兄等竟乐不思国，金贵如此，书籍举不容购置，遑论远行。南中学潮汹涌，想曾于报纸看知梗概。海内已定一尊，我侪异端，茫茫何往？适之梦麟，已回北大。上月北游平沈，重温旧知，欢若平生。比归未及旬，函电交来，迫我北归，为治学计，北地良佳。已商得小曼同意，只身径去，徐作移家之计。岁回即行，此后惠件请寄北平米粮库四号适之家转。历年积负笔债，重累如山。此去期以宁静澹泊，重治砚笔；若再无成，则惟有投荒依蛮王耳。杏佛离婚已成，颇费气力。俞珊之说，无稽之至。俞珊大病几殆，即日去青岛大学给事图书馆，藉作息养。如见次老足以相告。宗岱诗人，常在念中。寄去《诗刊》两册，乞以其一交去宗岱。何不给些诗文来，一新感觉。《新月》文艺，将不成活，不得不乞灵海外，幸善张罗。常玉今何在？陈雪屏带回一幅"宇宙大腿"，正始拜领珍异也，见为道念。洵美已收金屋，现办《图画时报》，兼治印刷，将来规模不小。此公活动有为,可爱得紧。海嫂闻在巴黎妆束入时,丰韵非凡,习雕刻度已有成。小曼附言道念,耑此敬念双福。

弟志摩上　二十年二月九日

一九三一年十月四日

海粟:

我满想北上前会得到你。最初报上传你月初可到,我知道不对;我计程你迟至十五日总可到。我延到十七动身,你还没有消息,我想你一定是在南方耽搁了。结果我走你到,几年别绪不曾叙得,怅惘之至。到此后曾函询美问起你到否,亦未得复。昨晚函来,至使欣慰。海翁此行所得,当可比玄奘之于西土,带回宝物定然累累。久居国内,竟成聋聩,但盼海翁归来,抵掌畅谈,不意又复相左。嫂子想一同回来,少爷呢?艺院的事孑老既赞成,兄又如此热忱,定然成功,迟早闻耳。杏佛处我即去信,但虑此时人家忙于对付内外,听到文艺似乎远在云空,不能如何注意。我知道天下事只要锲而不舍,不会不成功的。同时我觉得有一点你也应得注意,就是我们贵邦人忮心太重,你在过去也曾经受不少。固然你不怕也不愁,但在事情未有着落之前,似乎不宜过于张扬,你以为是否?北方尚镇静,你能来否?我们再通信谈!

适之已南下,当可晤见。

志摩　二十年十月四日

致周作人

一九二六年一月二十六日

启明我兄：

绑了你的文章，读了你的信，又得了你的书，过好几天不曾回你，有罪有罪。你小伤风想早好了，借因在家中躲躲，也是好的，我想回南，偏逢道路难。这里俱乐部的重担就比是一件湿衣穿上身再也脱不下来。同时人家在旁边笑话，苦恼得很。你要我报答，给《语丝》一点东西，我还不敢随口答应，一来这副刊真不了每期得逼，这几时又特别来得笨，什么思想都凑和不上来，就想西湖看梅花去；二来我不敢自信，我如其投稿不致再遭《语丝》同人的嫌（上回的耳朵！）；三来似乎曾听说《语丝》有它一致的文体，像我这样烂拖拖的怕也镶不上。再说吧，也许有兴致给你们一碟杂碎，只是我得预先求你们诸大法家的宽容。

我妄想解释做和事老，谁想两头都碰钉子，还是你一边的软些，你只说无懈可解；那一边可是大不高兴，唬得我再也不敢往下问，改天许还看得见闲话，等着看罢。同时我却还有一句老实话，启明兄以为是否！谑固然不碍，但不当近虐：就近有许多东

致周作人

西顽笑开得似乎太凶了。说来我还是不明白我们这几个少数人何以一定有吵架的必要。我呢,也许是这无怀氏之民的脾胃,老是想把事情的分别看小看没了的。就说西滢吧,我是完全信得过他的,就差笔头太尖酸些不肯让人,启明兄你如其信得过我,按我说,也就不该对西滢怀疑,说来还不是彼此都是朋友?也许真是我笨,你们争执的分量我始终不曾看清楚。等吧,下文还有哪,我想。

见到凤举盼代问《国民日报》的副刊可否送我看看。

志摩敬候　一九二六年一月二十六日

方才看了半农的俏皮,别的我不管。有一条甚使我不安,就是凌女士那张图案,我不早就在"京副"上声明那完全是我疏忽之处,与她毫不相干,事实如此,人家又是神经不比蠢男子冥顽,屡次来向我问罪,这真叫我狼狈万分。启明兄,你有法子替我解围否?如有,万分的感谢。

摩

一九二六年一月三十一日

启明兄:

对不起,今天忙了一整天,直到此刻接到你第三函才有工夫答复。大后天天津有船,我竟许后天就走,虽则满身绊着锁怕不易洒脱。走后副刊托绍原兄,还得请老兄等共同帮忙维持为感。我去少则三星期,多则一月,想回京过灯节哩。

关于这场笔战的事情,我今天与平伯,绍原,今甫诸君谈了,我们都认为有从此息争的必要,拟由两面的朋友们出来劝和,过去的当是过去的,从此大家合力来对付我们真正的敌人,省得闹这无谓的口舌，倒叫俗人笑话。我已经十三分懊怅，前晚不该付印那一大束通信，但如今我非常的欢喜，因为老兄竟能持此温和的态度。至于通伯，他这回发泄已算够了，彼此都说过不悦耳的话，就算两开了吧，看我们几个居中朋友的分上——因为我还是深信彼此间实没有结仇的必要。这点极诚恳的意思，千万请你容纳，最好在我动身前再给我一句可以使我放心的话，那我就快活极了！

你那个"订正"我以为也没有必要了，现在再问你的意思，如其可以不发表，我就替你扯了何如？

李四光有一封信，颇有沈痛语，星三发表，平伯也许有意见，只要彼此放开胸膛，什么事都没有了。

只有令兄鲁迅先生脾气不易捉摸，怕不易调和，我们又不易与他接近，听说我与他虽则素昧平生，并且他似乎嘲弄我几回我并不曾还口，但他对我还像是有什么过不去似的，我真不懂，惶惑极了。我极愿意知道开罪所在，要我怎样改过我都可以，此意有机会希为转致。匆匆不尽言，即颂健福。

志摩　一九二六年一月三十一日

一九二七年八月三日

启明兄：

在北京的朋友纷纷南下，老兄似乎是硕果仅存的了。我倒是羡慕你，在这年头还能冷笃笃的自顾自己的园地！《赣第德》已经印得，老兄或已见过，但我不能不亲自奉呈一本给你，因为我曾经意外的得到你的奖励，那给我不少的欢喜。我南来以后，真叫是"无善足述"，单说我的砚田已经荒了整十个月了，怎好！

致周作人

近来也颇想自勉,但生活的习惯仿佛已经结成一张顽硬的畸形的壳,急切要打破它正费事得很哩。新办两家店铺,新月书店想老兄有得听到,还有一爿云裳公司,专为小姐娘们出主意的,老兄不笑话吗?《新月》初试,能站住否不可知,老兄有何赐教?如蒙光赐敝店承印大作,那真是不胜荣幸之至了!

《赣第德》另包寄奉。

志摩敬候　八月三日

一九二七年十月二十六日

启明我兄:

今日得简,甚喜。江南秋光正好,艳日和风,不寒小暖,极想出门玩去,又为教务所累,天天有课,一步也行不得,对此光景,能不懊怅!上海生活,诚如兄言,真是无从喜欢,除了光滑马路,无一可取。一辈子能淘成得几许性灵,又生生叫这烦嚣窒灭,又无从振拔。家中老小,一年来惟有病缘,求医服药,日夜担心,如此生活,焉得著述闲情!笔政荒无,自觉无颜。遥想老兄安居城北,拂拭古简古笺,写三两行字,啜一碗清茶,养生适性,神仙亦不过如此,着实可羡。此固是老兄主意坚定,不为时潮所弃,故有此福,亦其宜也。大作尚未寄到,前日正翻阅两大书,趣味冷然,别有胸襟,岂意于二十世纪复能得此,愿兄暇时更多事抒写众生苦闷亦可怜也。新月广告,语涉夸狂。然此皆出主事者手笔,我不与闻,盖所谓"广告"者是也。云裳本意颇佳,然兴趣一懈,即一变而为成衣铺,江小鹣亦居然美术家而裁缝矣。凤举何在?盼为致意。

志摩敬候　十月二十六日

致张慰慈

一九二六年十月十三日

慰慈：

第二函悉，适之函及《现代评论》希寄我，我本想写信，不知他年内行止如何？巴黎传单料不生何影响，本教主亦何尝无徒党可以号召，傅孟真振臂一声已是惊天下而有余，况其余乎。

劳勃生尚未见到，时当为约在君等一谈，此公是否即主有伦敦《国民周报》开痕司之赞助。

我等尚流寓在沪，硖石新屋布置将次就绪，约十月初可以进屋，小曼在此大好，能吃能眠，一无病痛。螃蟹汤圆但吃无妨，在与京时已判若两人，奇哉。德生家僻在西沪，出去不便，故亦少走动，我曾回硖三次，此时但急于安顿，负累甚重，非赶快工作不可，硖石虽小，有曼相伴当不至烦，且我亦倦矣。晨副急切无人，你愿意接手否？老舍等近况何似，曾有信去不见复，见时为问好，曼笔懒不可医，自去到硖石后再还债，今日九月初七我等满月期也。梦绿近来好否，常打牌否？诸友见时道念。常来信为盼。

志摩候之

致张慰慈

梦绿：我天天打牌，这里人多极了，我不便写信，等到了硖石再写。

曼

一九二六年十月二十五日

慰慈，梦绿：

隔绝了这半月，今天才接到你们北京来信，虽则没有什么好消息，多少也叫我们安慰。真的是朋友们在一起时不觉得，分开了才知道，我们这几年也是在北京生了根的，一朝脱离了多少有点黯惨惨陌生的感觉，到上海半月什么事也没做，朋友也见得很少，谈话也只泛泛，德生家招待倒真好，什么都舒泰，我们不出门的时候多，有时打牌，有时干坐着，出去其实有些不方便，所以也懒得动。这次浙江闹乱子，硖石差点要作战场。前晚老丁自己打电话招了我去，骗我说真打上了，其实他拉了我去打牌，直到二点多才放我走，丁总办这回出风头也！我明天回家去看看，一半天就出来，时局平静的话，二星期内小曼要去正式拜见翁姑了。我爸爸今年亏负得厉害，新屋子又超过了预算将近一倍，正愁着哪。结婚照片尚未寄到，你们不妨问问蒋慰堂，如尚在他处，你们可以就近取一张。

老敢哥这苦恼子怎么得了，我们也在替他愁，他究竟打什么主意，是否决意生为北京穷人，死为北京穷鬼，要不然我们在南边替他想法想法如何？

巴黎那传单倒是妙，这里的传单是走狗丁文江，谁知胡大哥也变了这道儿，其实他又不出甚风头，何至招惹到海外爷们的不愿意？这年头真难做人也！北京教育怕快发讣闻了，别的有甚可笑可气可哭的事，有空写来听听。梦绿身体好，小孩子都好吗？小曼昨晚去菱清女士处看相，说她开年准抱小口。奚若夫妇均候。

摩曼同候　九月十九日

一九二六年十一月二十二日

慰慈：

　　一转眼就怕有一两个星期不曾给你通信，你们好吗？我们这才算到了老家，安了定了，有了落儿了，你们关切我们的，也应得替我们高兴不是？上海一住就住了一月有余，直到前一星期咱们俩才正式回家，热闹得很哪。小曼简直是重做新娘，比在北京做的花样多得多，单说磕头就不下百外。新房里那闹更不用提，乡下人看新娘子那还了解，呆呆的几十双眼，十个八个钟头都会看过去，看得小曼那窘相，你们见了一定好笑死。闹是闹，闹过了可是静，真静，这两天屋子里连掉一个针的声音都听出来了。我父在上海，家里就只妈，每天九点前后起身，整天就管吃，晚上八点就往床上钻。曼直嚷冷，做老爷的有什么法子，除了乖乖的偎着她直偎到她身上一团火，老爷身上倒结了冰，你说这还是乐呀是苦？咱们的屋倒还过得去，现在就等炉子生上了火就完全了。

　　翊唐真有些神出鬼没，人到了上海来看我们一次，我没见着，不给住址，以后就碰不着了。已经离宁北上，如到京一定去看你，不知他意兴还好否？适之的长信谁都讨了看，现在转到经农那里去了，还没寄回来，我想还在晨副上披露吧。他那里我早该写信，而且该长长的写，可老是提不起心来。没办法，先请你把我新近给你的信连着这一封寄给他看看，也让他知道我们的近况。我又愿意他在欧洲耽着，又想他早些回来，一时想不清那一边的理由长，你以为怎样？松树胡同你去过没有？二老想我们极了，曼昨晚想娘也哭了。梦绿信收到。曼总是懒，又先让我致意。

志摩候候　十月十八日

一九三一年七月三日

慰慈兄嫂：

得文伯来书知慰慈已回沪。文伯渐愈，不日即可北来至以为慰。你们下半年计画已有决定否？我这个世界有些住腻的了，我这壹年也不知那来的晦气。母亲死还不算，老头子和老家闹得僵绝，乌烟瘴气谁都受罪。又犯了驿马命，南北奔波至八次之多，钱花得九孔十穿，掩补都来不及。

更难受是小曼还来和我打架，我上海实在不能住，我请她北来她不肯，近几日来信大发脾气，害得我也怨天怨地坐立不是。我实在是为等候飞机（保君建请客），顺便省旅费。她又不谅，来信怨气甚浓。我想想她也有苦衷哪。我何尝不知道，我又何尝不想凑和着她，我又何尝甘愿朕分南北？但上海生活实在为难，我本心境已坏，但藉小曼明白了解以为惟一安慰，如今她又因为我偶发牢骚就此生怒，我真有些回顾苍茫，悲观起来了。我决于十日左右动身，结果飞行然仍不能成功。盼在上海能见着文伯和你（夏口完全茫然！）同时请你劝劝小曼，为我解释一二。梦绿一同北来否，小孩都好。

志摩　七月三日

致钟天心

一九二六年五月×日

天心:

　　你得容恕我的"自由";我不但窜改了你的诗(那译诗是我改的),这回又删改了你的信!关于译诗你这回改的我也认为比初稿好得多,盼望你再继续。关于论新诗的新方向,你的警告我们自命做新诗的都应得在心里。天下如其有一件不可勉强的事,我以为是做诗;好在真金自有真金的硬度,光彩,分量,暂时镀上金色的烂铜破铁是经不起时间的试验的。我对于新诗式的尝试却并不悲观,虽则我也不能是绝对甚至相对的乐观。等着看吧。

致瞿菊农

一九二六年十一月底

菊农：

　　信到，书未到。其实我这里已觅到一册《赣第德》，正在续译，至多再有十天，总可译完。近来做事的效率，大不如前，也不知为甚么。从前我译那本《涡提孩》，只费六晚工夫就完事。这本《赣第德》也不见长多少，难译多少，但我可算整整译了一年还没译成！这样看来，做事情不论什么，应该是一鼓作气才有成效，一曝十寒的办事，总是难的。

　　家里住着，静是够静的，早晚除了雨声，更听不到什么。凭窗本来望得见东山的塔，但这几天教雨雾给迷住了，只偶尔透露一些楼廓，依稀就认得是山口给口我回家来惟一的两大志愿是想改造屋后口的一个菜园子，但不幸这两星期来连接的淫雨，无从工作起，只好等晴放。再谈。

志摩

致郭子雄

一九二九年十一月十七日

子雄：

　　果不出我所料，康桥名额已满，但你不必沮丧。本来初到英国至少也该在伦敦住半年。这个古旧而殷实的城子，有的是无尽藏的趣味，全在你自己逐渐发现去。约翰生不说吗？谁厌倦伦敦一定是厌倦生活本体。能到伦敦巴黎住，至少要比到已经走到天堂的半路。你不愿在天堂上过日子吗？赖先生那里多是一时俊彦，你可以和长海常去亲近他。你可以告他，他在中国的名气已是不小，他的几个朋友都是十分爱他，常想念着他，盼他一天能到中国来。我这一年来专做教书匠，作品绝无仅有。光华有女生后，颇有些生气气象，总算不错。盼在海外的同学想有音信回来，光华应分有光华的。我渐渐觉得有些感情了。你哥已迷上了刘舜心，正在腾云驾雾中。我们都祝望他成功快乐。现在英国，长海你必常见。另有一个钟天心也和我极熟的，也是个诗人，盼你能结识他。请你替我致候他们，替我的懒惰道歉，说我常念着他们。我因为年来绝少创作，心里总不自在。上海的生活实在于我不相宜，但这一年也只能胡涂过去再说，明春我又想向海外活动了。

　　　　　　　志摩候　十一月十七星日

一九三一年十一月一日

子雄我弟：

　　我真羡慕你，当此金贵，还能在欧陆来往自如；现在又进了牛津，真是可喜可贺。你的"笔会报告"已寄《新月》，不知四卷一号赶得及否？国内笔会情形实不甚佳妙。北方朋友因多惩毖之思，至今还不曾组织分会。我怕得你回来才能鼓起兴会，目前更谈不到文化事业。终日偓寋，谁都不得舒服。淘美在上海忙于经营印刷，适之热心国家大事，尚在南中。我在此号称教书，而教育已三月不得经费，人心涣然，前途亦殊黯淡。出版界亦至萎弱，我新出《猛虎集》及编《诗刊》已出三期。以印寄皆极慢又成愆误。今嘱书店寄奉书册，到盼付复。我弟近作久未得见，如有诗文，亟盼拜读。今留英法治文学者，宗岱石君而外，尚有何人？盼多为《新月》拉稿。我真想出国，但家累在身，如何得脱。北京秋色至佳，赖此为慰，故友颇多，尚不寂寞。此念旅福。

　　　　　　　　　　志摩　十一月一日

致章士钊

一九二七年十二月十六日

在京曾通书柬,不得复意。过津造访德义楼,乃知已迁新居,匆匆未及走谒。南来已及二月,蛰居自娱,稍亲书卷,更不省世变。顷得梦旦先生书,悉云麾碑又几遭灾厄,幸未伤失,今已归林氏庋藏,永荷厚惠矣,此册叠经波折,令人生感。足下何不即闲记其事以跋之?当益增此拓身价也。《甲寅》又崛起,毅勇可佩,想必有新来烟土披里纯,亟盼拜观。

徐志摩 浙江硖石十二月十六日

致邵洵美

一九二八年九月（片段）

我已见到 Geroge Moore，他叫我代他候候你。此老真可爱！我但愿能将他的有趣的谈话写出来。

一九三〇年夏

洵美：

请约老谢小郭星三中午到望平街觉林吃饭。为子雄与其他光华同学饯行也。务请到。

志摩

致梁实秋

一九二九年夏

秋郎：

　　危险甚多，须要小心，原件俱在，送奉詧阅。非我谰言，我复函说，淑女枉自多情，使君既已有妇，相逢不早，千古同嗟。敬仰"交博"婉措回言，这是仰承你电话中的训示，不是咱家来煞风景。然而郎乎郎乎，其如娟何？微闻彼姝既已涉想成病，乃兄廉得其情，乃为周转问询，私冀乞灵于月老，藉回枕上之离魂。然而郎乎郎乎，其如娟何！

志摩造孽

一九三〇年十月二十四日

秋兄：

　　别来常在念中，每想去信畅谈，乃为穷忙所困，即执笔亦惘惘不知所云。

致梁实秋

　　足下第一书来,因书稿尚深锁芜乱中,致稽时日。今已检得,但不知寄奉何处,青岛抑燕京?乞再示,当知即付邮。太侔、春舫二兄来,颇道青岛风雅,向慕何似!沙乐美公主不幸一病再病,先疟至险,继以伤寒,前晚见时尚在热近四十度,呻吟不胜也。承诸兄不弃(代她说),屡屡垂询,如得霍然,尚想追随请益也。适之不日(二十八)北去,遵陆不依水,有所戒也。连日饮啖,不遑喘息,此公口福,当是前生修带得来。《诗刊》广告,想已瞥及,一兄与秋郎不可不挥毫以长声势,不拘短长,定期出席。暨大以主任相委,微闻学生早曾提出,校长则以此君过于浪漫,未敢请教,今不知何以忽又竟敢,兄闻此当发一噱。但我奔波过倦,正想少休,安敢长扬山水间一豁尘积哉。

志摩拜上　星五

振声

秋郎

一多　诸老均候

太侔

春舫

志摩

一九三〇年十一月底

秋兄足下:

　　译稿已交新月寄还东荪,我将此稿荐去中华,不想碰一钉子,因五月间早经去过,被拒,今书归原主,想不成问题矣。《诗刊》以中大新诗人陈梦家,方玮德二子最为热心努力,近有长作亦颇不易,我辈已属老朽,职在勉励已耳。兄能撰文,为之狂喜。恳信到即动手，务于（至迟）十日前寄到。文不想多刊，第一期有兄一文已足，此外皆诗。大雨有商籁三，皆琅琅可诵。子离一，子沅二，方令孺一，邵洵美一或二，刘宇一或二，外选二三首。陈，方长短皆有，我尚在挣扎中，或有较长一首。一多非得帮忙，近年新诗，多公影响最著，且尽有佳者，多公不当过于韬晦，《诗刊》始丛，焉可无多，即四行一首，亦在必得，乞为转白。多诗不到，刊即不发，多公奈何以一人而失众望？兄在左右，并希持鞭以策之。况本非驽，特懒备耳，稍一振蹶，行见长空万里也。俞珊病伤寒，至今性命交关。

太侔，今甫诸兄均念。

志摩　十一月底

且慢，有事报告：

努生夫妇又复，努生过分，竟至三更半夜头破血淋，但经胡圣潘仙以及下走之谈笑周旋，仍复同桌而食，同榻而眠，一场风波，已告平息，知兄关怀，故以奉闻。但希弗以此径函努生为感。

一九三〇年十二月十九日

秋翁：

十多日来，无日不盼青岛来的青鸟，今早从南京归来，居然盼到了，喜悦之至，非立即写信道谢不可。《诗刊》印得成了！一多竟然也出了"奇迹"，这一半是我的神通之效，因为我自发心要印《诗刊》以来，常常自己想，一多尤其非得挤他点儿出来，近来睡梦中常常捻紧拳头，大约是在帮着挤多公的奇迹！但奇迹何以尚未到来？明天再不到，我急得想发电去叫你们"电汇"的了！

你的通信极佳，我正要这么一篇，你是个到处发难的人，只是你一开口，下文的热闹是不成问题的。但通信里似乎不曾提普罗派的诗艺。

我在献丑一首长诗，起因是一次和适之谈天，一开写竟不可收拾，已有二百多行，看情形非得三百行不办，然而杂乱得很，绝对说不上满意，而且奇怪，白郎宁夫人的鬼似乎在我的腕里转！

好，你们闹风潮，我们（光华）也闹风潮。你们的校长脸气白，我们的成天哭，真的哭，如丧考妣的哭。你们一下去了三十多，我们也是一下去了三十多。这也算是一种同情罢。过年诸公来沪不？想念甚切。适之又走了，上海快陷于无朋友之地了。

一多奇迹既演一次，必有源源而来者，我们联合起来祝贺他，你尤其负责任督着他，千万别让那精灵小鬼——灵感——给胡跑溜了！

今甫我也十分想念他，想和他喝酒，想和他豁拳，劝他还是写小说吧。精神的伴侣很好！

俞珊死里逃生又回来了，先后已病两个月，还得养，可怜的孩子。

志摩拜念　十九日

太侔何时北去？诸公均佳。

致邢云飞

一九三〇年七月十日

云飞我弟：

　　函稿均到，文章颇见力气，虽未能深入精辟，要亦读书得闲致，不易也。《剧刊》颇成问题，因济南已入老适儿手，剧院能不随省政府教育厅俱去？现在尚无信息，深怕凶多吉少，一件好事业又被摧残，如何！中华尚无回音来，奇极，已迭函催问，想是舒新城不在局之故，俟得复即报，弟处积极看书整理材料可也。沈从文有妹，极慧，拟进光华高中，弟能为设法否？又下学期大学女生如何收法，是否仍如上届之随便，有一介绍函即可？上月只发半薪，长夏茫茫，教匠苦矣。此问兴居。

　　　　　　　　　　　　　　　　　　志摩　七月十日

致邢云飞

一九三〇年十一月十四日

云飞我弟：

得片至慰。此番匆促回南，事前不及通知。今日午后来得不巧，我又因事外出。我已决定明日赴硖，后日夜车到宁，一切容后函谈。弟身体太弱，最好暂时休养。"雪莱"等篇，且等复原后再做不迟。弟事已与萧恩承先生商妥，下年准可有成。"勃莱克"至今未曾出版，甚觉奇怪，有便当向中华催询。

 志摩候候　十一月十四日

致万维超

一九三〇年十月十一日

迥儒先生：

顷奉去程碧冰稿一卷，此公穷困万状，恃稿为活，此书若不获售，将为寓主所逐。文虽不佳，而其情实可怜。为此代为奉去，乞与左舜生兄一阅。苟能勉强收受，则即按最低报酬，亦彼所馨香祷祝者。此君急如星火，至祈早为之计。如必不可用，最好今晨即退还。

　　此颂

大安！

弟志摩上　星六

致何家槐

一九三〇年冬（片段）

　　你的眼，我一想起便系念。身体是不能不顾管的，不论那部分一出毛病，即受累无穷。你的眼既已不好，千万不可在光亮不适处或已感到疲乏时勉强做工。眼睛关系太大，你非得医好。我想你不妨向家里单独要一点治费，趁这时治好。你年纪正青，也不必过分急于成名。沙眼到瞎眼是极近的，万不可玩忽。你那不在意似的宽心，真使我替你着急……

　　难为你在这大冷天，雨天，一个人闭着一双眼，在医院里干闷。我不能去看你，又不能多写一点给你解闷。你眼未好以前，我劝你不必急于写文章。眼睛是大事情，我们没有它，天地就昏黑。你先养好，痊了再计划做事吧。……在院时以多睡静养为宜，切不可过度劳神……

致舒新城

一九三〇年四月十三日

新城先生：

我也偷偷到西湖去逍遥了几天，故乡的风光正有未肯让人处。最惹人留连的是理安的楠荫与十八涧的春涨——杜鹃花像热情似的从涧边一直红到山尖！《死的胜利》让契及内容单填好奉上。陈楚淮剧稿俟得本人回信再报。鸿公闻亦出门踏青去，不知吟踪何在也。

敬念
春佳！

志摩　星日

致骞季常

一九三〇年四月十九日

季丈座次：

春来酒仙纳福何似。上海所见，仅近郊黄菜花几畦，新柳丝几条，更无景致。遥念北都丁香，紫海棠，白牡丹，芍药先后竞艳，劳结如何？得先艾函，又迟五六月奉姚茫老诗卷，闻名已久，奉读喜慰可知。容为写序一篇。《新月》印行，卷前或摄附茫老稿迹，以示珍异。如此转译为前此所未闻。昔畏庐不识蟹文，仅凭口传译散文已奇，今茫老更从白话译折成五言古句，真词林佳话，可传不朽也，乞为致敬意。新会专号，迄今不曾征得一文，以是迟迟。《新月》已寄馆，此后当按寄不误。先艾兄均此。

志摩拜候　四月十九日

致郭有守

一九三〇年二月一日

小郭：

　　信到。我本在想重兴新月社。宋春舫已慨捐五分佳地，只要筹得款项，即可动工。房子造起了，叫它 Pen 也好，新月也好，都不成问题。我希翼的款的来源，说也惭愧，是梅兰芳。

　　你有甚法力可以弄多少钱。我意思不造则已，造则定得有一间大些的屋子，可以容一二百人；作为演戏一类用，开画展也得。有相当屋子，住不住人，看情形再说。大约至少得有二万金乃可商量。适之先生是只能凑现成，要他奔走是不成的。我盼望你和次彭快来谈谈。

　　大家过年快活。

志摩手　初三

致郭有守

一九三〇年三月六日

有守：

　　昨贵部油未揩得，几乎赶不上车。南京另雇车，真气人。我想问问你，联会那文化事业，如稚老不去，教部作何主张？你可否从中计划，把他范围扩充些。我们这边也立一较永久机关，可以多容几个人。说也惭愧，混了这多年，一无本领，只有文化二字似乎是一个够大量的宇宙，还容得我们进去。但这二字也叫说得太烂了，非带些新鲜血液进去，结果怕也免不得腐败。我自身只愁我妈的身体，不能让我放心滚。但前天有人替我算命，说不妨事。去年逃得过，要到四十多岁，不再来关节。我真巴望瞎子是有神通的。只要我妈无恙，我就不愁我的翅膀不够长。老谢说，民谊那里可谋顾问名义，我亦颇动心。假如梅郎肯替我花钱，那不两全吗？哈哈！无耻极了，但谁叫中国如此糟。

　　　　　　　　　　　　　　　　　　　　　志摩

致赵家璧

一九三一年六月三十日

家璧我弟：

你的信颇使我感动。一来你写得十分真挚，二来，我在光华先后几年确有使我系恋的地方。诸同学对我的感情，如今在回念中尚是有甜味的。我是极不愿脱离光华的，但一因去年不幸的风潮，又为上海生活于我实不相宜，二因北方朋友多，加以再三的敦促，因而才决定北来的。上次在上海时你们诸位说起要我回上海，我确是未尝不心动，但北来后北大方面又起恐慌。因为原定杨今甫来长文学院，青岛梁闻诸先生都可以同来，那这边自不愁人手缺少，不想结果青岛一个人都不能来，北大英文系专任教授除温源宁外仅我一人，而且温先生又宣言如果我走他也不干。而英文系学生竟有一百人之多！所以张校长来电后，我还是决定留此不回南。同时诸弟的好意我是十分的留受，我虽不能走，我极盼望你们能得到比我远胜的导师，我不久仍要回上海，想去牯岭歇暑，到上海时或能与诸弟再叙一次。你能如此龟勉从学，我是说不尽的欢喜，你爱研究古希，尤其是好门径。你并且已读。

Prof. Gilbert Merray 及 Lindsay，Langstone 诸大家的书.那你自会寻出头绪来，我的意思柏拉图的每篇会话尤应熟读，你如有心置备的话，不妨买一套 Jowett 的全集，这是提纲挈领的办法，不可省的，关于戏剧，Prof G. M. 当然是一个最可靠的引导，我等着看你的成绩。你向前努力吧！

志摩　六月三十日

致钱芥尘

一九三一年八月六日

芥尘先生：

方才看到这期贵报，关于我的小报告。不想像我这样一个闲散人的生活行踪也还有人在注意，别处的消息我也曾听到一点，多谢你们好意为我更正，但就这节小报告也还是不对。现在既经一再提到，我想还是我自己来说明白，省得以讹传讹，连累有的朋友们为我耽忧。关于我的行踪，说来也难怪人家看不清楚。在半年内我在上海北平间来回了八次，半月前在北平，现在上海，再过一半个月也许不在北平了！我是在北京大学教书，家暂时还没有搬，穿梭似来回的理由是因为我初春去北平后不多时先母即得病，终于弃养，我如何能不奔波。关于我和小曼失和的消息，想必是我独身北去所引起的一种悬测，这也难怪。再说我们也不知犯了什么煞运，自从结褵以来，不时得挨受完全无稽的离奇的谣诼，我们老都老了，小曼常说，为什么人家偏爱造你我的谣言？事实是我们不但从来未"失和"，并且连贵报所谓"龃龉"都从来没有知道过。说起传言，真有极妙的事，前几天《社会日

致钱芥尘

报》也有一则新闻说到我夫妻失和,但我的夫人却变作了唐瑛,我不知道李祖法先生有信去抗议了没有。

　　此颂
大安!

　　　　　　　　　　　　　　徐志摩　八月六日

致曹葆华

一九三一年二月十二日

葆华我兄：

久仰诗名，承公超先生介绍，得读尊作，最近又接专集，情文恣肆，正类沫若，而修词严正过之，快慰无已！如有新作，乞惠投《诗刊》（寄北平米粮库胡同第四号胡宅），摩十日内来平，得暇当来清华拜访也。

志摩敬候　二月十二日

一九三一年五月十二日

葆华：

你听错了，昨天我说去清华是本定要陪张歆海夫妇去玩，并非去演说。我丧了老母，自己身体又不见好，心绪亦百无是处，此来纯为功课，二星期后仍须回南开，即多谢你给我许多信，许多诗，如其你不是在别地方发表，那就归我发付如何？你的信因

致曹葆华

为全寄沪寓,我直到五月才由硖到沪,故未及复,请原谅。现在本星期去清华之说又有些靠不住了,因为张他们定星期四去,我那天是最忙,大约又不能陪行,星期四如果你能于九时到此或可相晤,迟又怕要出门,我诗只有一二首,译了 Blake 一首 Tiger 都登《诗刊》,一星期内当可出版,见面再谈。

志摩念念　五月十二日

致傅斯年

一九三一年七月九日

傅大哥：

  我叫《新月》寄一份我第三集诗的校样给你——供给你一个出气的机会，好不？《诗刊》二期印得有三百多处错，尤其大雨的长诗，一并送你挨骂！

  我十二又得滚了。祝你辟福无疆。

志摩　七月九日

致卞之琳

一九三一年五月二十五日

之琳：

　　我此来是太匆忙了，本想找你一谈的，前天见你在班上，本想下课看你一下，又忘了。我明天就走，等回来再约会的了。从文先生极喜你的诗作，在南京《创作》月刊上有文章曾见到否？诗收到，以后如有，陆续寄我。

　　　　　　　　　　　　　　　　志摩　廿五日

一九三一年六月十七日

之琳：

　　我又回来了。从文已来看过你。《华北副刊》见到你的诗，《诗刊》第三期我在动手编，要你至少三四首，但旧的多半似已被从文送作人情，深怕挑了重的，似与《诗刊》信用有关。在十日半月内，我盼望你有新作给我。请努力一下，《诗刊》既已办起,不能不继续。你夏间留此否?

志摩 六月十七日

一九三一年"九一八"事变后

季陵:

　　上海无信,《诗刊》都未寄来。《群鸦集》大致未排,改动不难,当照办。译诗极佳,哈代一诗我亦曾译过,但,弟译高明得多,甚佩。来此昏闷过日,仅得一诗而已,亦不足观。译书我主张译 w. H. Hudson Green Mansions 何如?

志摩

致李惟建

一九三一年十月二十六日

惟建我兄：

得书藉知诗侣已自西湖边回沪上，至以为慰。北来正逢东省大事，心如热旌，竟不能作事，每日心烦自恼，不知如何乃可，兄等在南，想亦有同感。

承询译莎翁事，函到时胡先生已南行，或兄已与见面谈过，亦未可知。

此函到时胡先生当仍在上海，其寓址可由洵美得之。能与面定一切最妥，因此口乃胡先生独立主政者也。

庐隐近来有何作品，久不见颇想念也。

双佳。

志摩　十月二十六日

致杨杏佛

一九三一年十一月十八日

才到奉谒,未晤为怅。顷去湘眉处,明早飞北京,虑不获见。北京闻颇恐慌,急于去看看。杏佛兄安好。

志摩

附:杨杏佛跋

志摩于二十年十一月十九日下午二时在山东党家庄附近之开山飞行遇祸,此为其十八夜八时半过访不遇时所留之手笔。当晚在湘眉处狂谈至十二时始归,翌晨八时即北飞。竞武云志摩晨起即赴飞机场,十分匆促,故知所书为绝笔也。

二十年十一月廿一日　铨

致郁达夫

一九三一年一至二月间

达夫兄：

　　我将去北平，与公等自此相违，曾闻知否？笔会再三相请，未蒙枉驾。近来酒兴何如？"新月"要问达夫讨书印，有希望否？令友所撰一诗，无人承印，只得送回，即乞转还，前承允与中华一书，至今未闻消息，念念。我北平寓后门米粮库四号适之家。时代险恶，我辈只许闭口。此念
香福！

志摩　敬候

致陆小曼

一九二五年三月三日自北京

小曼：

　　这实在是太惨了，怎叫我爱你的不难受？假如你这番深沈的冤曲有人写成了小说故事，一定可使千百个同情的读者滴泪，何况今天我处在这最尴尬最难堪的地位，怎禁得不咬牙切齿的恨，肝肠迸断的痛心呢？真的太惨了，我的乖，你前生作的是什么孽，今生要你来受这样惨酷的报应？无端折断一枝花，尚且是残忍的行为，何况这生生的糟蹋一个最美最纯洁最可爱的灵魂。真是太难了，你的四周全是铜墙铁壁，你便有翅膀也难飞，咳，眼看着一只洁白美丽的稚羊让那满面横肉的屠夫擎着利刀向着她刀刀见血的蹂躏谋杀——旁边站着不少的看客，那羊主人也许在内，不但不动怜惜，反而称赞屠夫的手段，好像他们都挂着馋涎想分尝美味的羊羔哪！咳，这简直的不能想，实有的与想象的悲惨的故事我亦闻见过不少，但我爱，你现在所身受的却是谁都不曾想到过，更有谁有胆量来写？我倒劝你早些看哈代那本 Jude the Obscure 吧，那书里的女子 Sue 你一定很可同情她，哈代写的

致陆小曼

结果叫人不忍卒读，但你得明白作者的意思，将来有机会我对你细讲。

咳，我真不知道你申冤的日子在那一天！实在是没有一个人能明白你，不明白也算了，一班人还来绝对的冤你，阿呸，狗屁的礼教，狗屁的家庭，狗屁的社会，去你们的，青天里白白的出太阳，这群人血管的水全是冰凉的！我现在可以放怀的对你说，我腔子里一天还有热血，你就一天有我的同情与帮助；我大胆的承受你的爱，珍重你的爱，永葆你的爱，我如其凭爱的恩惠还能从我性灵里放射出一丝一缕的光亮，这光亮全是你的，你尽量用吧！假如你能在我的人格思想里发见有些许的滋养与温暖，这也全是你的，你尽量使吧！最初我听见人家诬蔑你的时候，我就热烈的对他们宣言，我说你们听着，先前我不认识她，我没有权利替她说话，现在我认识了她，我绝对的替她辩护，我敢说如其女人的心曾经有过纯洁的，她的就是一个。Herheart is as pure and unsoiled as any women's heart can be；and her soul as noble. 现在更进一层了，你听着这分别，先前我自己仿佛站得高些，我的眼是往下望的，那时我怜你惜你疼你的感情是斜着下来到你身上的，渐渐的我觉得我的看法不对，我不应得站得比你高些，我只能平看着你。我站在你的正对面，我的泪丝的光芒与你的泪丝的光芒针对的交换着，你的灵性渐渐的化入了我的，我也与你一样觉悟了一个新来的影响，在我的人格中四布的贯彻；——现在我连平视都不敢了，我从你的苦恼与悲惨的情感里憬悟了你的高洁的灵魂的真际，这是上帝神光的反映，我自己不由的低降了下去，现在我只能仰着头献给你我有限的真情与真爱，声明我的惊讶与赞美。不错，勇敢，胆量，怕什么？前途当然是有光亮的，没有也得叫他有。一个灵魂有时可以到最黑暗的地狱里去游行，但一点神灵的光亮却永远在灵魂本身的中心点着——况且你不是确信你已经找着了你的真归宿，真想望，实现了你的梦？来，让这伟大的灵魂的结合毁灭一切的阻碍，创造一切的价值，往前走吧，再也不必迟疑！

你要告诉我什么，尽量的告诉我，像一条河流似的尽量把他的积聚交给天边的大海，像一朵高爽的葵花，对着和暖的阳光一瓣瓣的展露她的秘密。你要我的安慰，你当然有我的安慰，只要我有我能给；你要什么有什么，我只要你做到你自己说的一句话——"Fight On"——即使运命叫你在得到最后胜利之前碰着了不可躲避的死，我的爱，那时你就死，因为死就是成功，就是胜利。一切有我在，一切有爱在。同时你努力的方向得自己认清，再不容丝毫的含糊，让步牺牲是有的，但什么事都有个限度，有个止境你这样一朵希有的奇葩，决不是为一对不明白的父母，一个不了解的丈夫牺牲来的。你对上帝负有责任，你对自己负有责任，尤其你对于你新发见的爱负有责任，你已往的牺牲已经足够，你再不能轻易糟蹋一分半分的黄金光阴。人间的关系是相对的，应职也有个道理，灵魂是要救度的，肉体也不能永远让人家侮辱蹂躏，因为就是肉体也是含有灵性的。

总之一句话：时候已经到了，你得 Assert your own personality。你的心肠太软，这是你一辈子吃亏的原因，但以后可再不能过分的含糊了，因为灵与肉实在是不能绝对分家的，要不然 Nora 何必一定得抛弃她的家，永别她的儿女，重新投入渺茫的世界里去？她为的就是她自己人格与性灵的尊严，侮辱与蹂躏是不应得容许的。且不忙，慢慢的来，不必悲观，不必厌世，只要你抱定主意往前走，决不会走过头，前面有人等着你。

以后的信，你得好好的收藏起来，将来或许有用，在你申冤出气时的将来，但暂时决不可泄漏，切切！

摩　一九二五年三月三日

致陆小曼

一九二五年三月十日自北京

龙龙：

我的肝肠寸寸的断了，今晚再不好好的给你一封信，再不把我的心给你看，我就不配爱你，就不配受你的爱。我的小龙呀，这实在是太难受了，我现在不愿别的，只愿我伴着你一同吃苦——你方才心头一阵阵的作痛，我在旁边只是咬紧牙关闭着眼替你熬着，龙呀，让你血液里的讨命鬼来找着我吧，叫我眼看你这样生生的受罪，我什么意念都变了灰了！你吃现鲜鲜的苦是真的，叫我怨谁去？

离别当然是你今晚纵酒的大原因，我先前只怪我自己不留意，害你吃成这样，但转想你的苦，分明不全是酒醉的苦，假如今晚你不喝酒，我到了相当的时刻得硬着头皮对你说再会，那时你就会舒服了吗？再回头受逼迫的时候，就会比醉酒的病苦强吗？咳，你自己说得对，顶好是醉死了完事，不死也得醉，醉了多少可以自由发泄，不比死闷在心窝里好吗？所以我一想到你横竖是吃苦，我的心就硬了。我只恨你不该留这许多人一起喝，人一多就糟，要是单是你与我对喝，那时要醉就同醉，要死也死在一起，醉也是一体，死也是一体，要哭让眼泪和成一起，要心跳让你我的胸膛贴紧在一起，这不是在极苦里实现了我们想望的极乐，从醉的大门走进了大解脱的境界，只要我们灵魂合成了一体，这不就满足了我们最高的想望吗？

啊我的龙，这时候你睡熟了没有？你的呼吸调匀了没有？你的灵魂暂时平安了没有？你知不知道你的爱正在含着两眼热泪在这深夜里和你说话，想你，疼你，安慰你，爱你？我好恨呀，这一层的隔膜，真的全是隔膜，这仿佛是你淹在水里挣扎着要命，他们却掷下瓦片石块来算是救度你，我好恨呀！这酒的力量还不够大，方才我站在旁边我是完全准备了的，我知道我的龙儿的心坎儿只嚷着"我冷呀，我要他的热胸膛偎着我，我痛呀，我要我的他搂着我，我倦呀，我要在他的手臂内得到我最想望的安息与舒服！"——但是实际上我只能在旁边站着看，我稍微的一帮助就受人干涉，意思说："不劳费心，这不关你的事，请你早去休息吧，她不用你管！"

哼，你不用我管！我这难受，你大约也有些觉着吧！

方才你接连了叫着，"我不是醉，我只是难受，只是心里苦"。你那话一声声像是钢铁锥子刺着我的心：愤，慨，恨，急的各种情绪就像潮水似的涌上了胸头；那时我就觉得什么都不怕，勇气像天一般的高，只要你一句话出口什么事我都干！为你我抛弃了一切，只是本分；为你我还顾得什么性命与名誉一真的假如你方才说出了一半句着边际着颜色的话，此刻你我的命运早已变定了方向都难说哩！

你多美呀，我醉后的小龙，你那惨白的颜色与静定的眉目，使我想象起你最后解脱时的形容，使我觉着一种逼迫赞美崇拜的激震，使我觉着一种美满的和谐——龙，我的至爱，将来你永诀尘俗的俄顷，不能没有我在你的最近的边旁，你最后的呼吸一定得明白报告这世间你的心是谁的，你的爱是谁的，你的灵魂是谁的！龙呀，你应当知道我是怎样的爱你，你占有我的爱，我的灵，我的肉，我的"整个儿"。永远在我爱的身旁旋转着，永久的缠绕着，真的龙龙，你已经激动了我的痴情。我说出来你不要怕，我有时真想拉你一同情死去，去到绝对的死的寂灭里去实现完全的爱，去到普遍的黑暗里去寻求惟一的光明——咳，今晚要

致陆小曼

是你有一杯毒药在近旁,此时你我竟许早已在极乐世界了。说也怪,我真的不沾恋这形式的生命,我只求一个同伴,有了同伴我就情愿欣欣的瞑目;龙龙,你不是已经答应做我永久的同伴了吗?我再不能放松你,我的心肝,你是我的,你是我这一辈子惟一的成就,你是我的生命,我的诗;你完全是我的,一个个细胞都是我的——你要说半个不字叫天雷打死我完事。

我在十几个钟头内就要走了,丢开你走了,你怨我忍心不是?我也自认我这回不得不硬一硬心肠,你也明白我这回去是我精神的与知识的"散拿吐瑾",我受益就是你受益,我此去加倍的用心,你在这时期内也得加倍的奋斗,我信你的勇气,这回就是你试验,实证你勇气的机会,我人虽走,我的心不离开你,要知道在我与你的中间有的是无形的精神线,彼此的悲欢喜怒此后是会相通的,你信不信?(身无彩凤双飞翼,心有灵犀一点通。)我再也不必嘱咐,你已经有了努力的方向,我预知你一定成功,你这回冲锋上去,死了也是成功!有我在这里,阿龙,放大胆子,上前去吧,彼此不要辜负了,再会!

摩　三月十日早三时

我不愿意替你规定生活,但我要你注意缰子一次拉紧了是松不得的,你得咬紧牙齿暂时对一切的游戏娱乐应酬说一声再会,你干脆的得谢绝一切的朋友。你得彻底的刻苦,你不能纵容你的Whims,再不能管闲事,管闲事空惹一身骚;也再不能发脾气。记住,只要你耐得住半年,只要你决意等我,回来时一定使你满意欢喜,这都是可能的;天下没有不可能的事——只要你有信心,有勇气,腔子里有热血,灵魂里有真爱。龙呀!我的孤注就押在你的身上了!

再如失望,我的生机也该灭绝了,

最后一句话：只有 S 是惟一有益的真朋友。

三月十日早

一九二六年二月六日自天津

眉眉：

接续报告，车又误点，二时半近三时才到老站。苦了王麻子直等了两个钟头，下车即运行李上船。舱间没你的床位大，得挤四个人，气味当然不佳。这三天想不得舒服，但亦无法。船明早十时开，今晚未有住处。文伯家有客住满，在君不在家，家中仅其夫人，不便投宿。也许住南开，稍远些就是，也许去国民饭店，好好的洗一个澡，睡一觉，明天上路。那还可以打电话给你。盼望你在家；不在，骂你。

奇士林吃饭，买了一大盒好吃糖，就叫他们寄了，想至迟明晚可到。现在在南开中学张伯苓处，问他要纸笔写信，他问写给谁，我说不相干的，仲述在旁解释一句："顶相干的。"方才看见电话机，就想打，但有些不好意思。回头说吧，如住客栈一定打。这半天不见，你觉得怎样？好像今晚还是照样见你似的。眉眉，好好养息吧！我要你听一句话。你爱我，就该听话。晚上早睡，早上至迟十时得起身。好在扰乱的摩走了，你要早睡还不容易？初起一两夜许觉不便，但扭了过来就顺了。还有更要紧的一句话，你得照做。每天太阳好到公园去，叫 Lilia 伴你，至少至少每两天一次！

记住太阳光是健康惟一的来源，比什么药都好。

我愈想愈觉得生活有改样的必要。这一时还是糊涂，非努力想法改革不可。眉眉你一定得听我话；你不听，我不乐！

致陆小曼

今晚范静生先生请正昌吃饭，晚上有余叔岩，我可不看了。文伯的新车子漂亮极了，在北方我所见的顶有 taste 的一辆；内外都是暗蓝色，里面是顶厚的蓝绒，窗靠是真柚木，你一定欢喜。只可惜摩不是银行家，眉眉没有福享。但眉眉也有别人享不到的福气对不对？也许是摩的臭美？

眉我临行不曾给你去看，你可以问 Lilia，老金，要书七号拿去。且看你，你连 Maugham 的"Rain"都没有看哪。

你日记写不写？盼望你写，算是你给我的礼，不厌其详，随时涂什么都好。我写了一忽儿，就得去吃饭。此信明日下午四五时可到，那时我已经在大海中了。告诉叔华他们准备灯节热闹，别等到临时。眉眉，给你一把顶香顶醉人的梅花。

你的亲摩
二月六日下午二时

一九二六年二月十七日自上海

眉爱：

我又在上海了。本与适之约定，今天他由杭州来同车。谁知他又失约，料想是有事绊住了，走不脱，我也懂得。只是我一人凄凄凉凉的在栈房里闷着。遥想我眉此时亦在怀念远人，怎不怅触！南方天时真坏，雪后又雨，屋内又无炉火。我是只不惯冷的猫，这一时只冻得手足常冰。见报北京得雪，我们那快雪同志会，我不在，想也鼓不起兴来。户外雪重，室内衾寒，眉眉我的，你不想念摩摩否？

昨天整天只寄了封没字梅花信给你，你爱不爱那碧玉香囊？寄到时，想多少还有余甘。前晚在杭州，正当雪天奇冷，旅馆屋内又不生火。下午风雪猛厉，只得困守。晚饭喝了几杯酒，暖是暖些，情景却是百无聊赖，真闷得凶。游灵峰时坐轿，脚冻如冰，手指也直了。下午与适之去肺病院看郁达夫，不见。我一个人去买了点东西，坐车回硤。过年初四，你的第二封信等着我。爸说有信在窗上我好不欢喜。但在此等候张女士，偏偏她又不来，已发两电，亦未得复。咳！"这日子叫我如何过？"我爸前天不舒服，发寒热，咳嗽，今天还不曾全好。他与妈许后天来沪。新年大家多少有些兴致，只我这孤零零心魂不定，眠食也失了常度，还说什么快活？爸妈看我神情，也觉着关切。其实这也不是一天的事，除了张眼见我眉眉的妙颜，我的愁容就没有开展的希望。眉你一定等急了，我怎不知道？但急也只能耐心等着。现在爸妈要我，到京后自当与我亲亲好好的欢聚。就我自己说，还不想变一只长小毛翅的小鸟，波的飞向最亲爱的妆前。谭宜孙诗人那首燕儿歌，爱，你念过没有？你的脆弱的身体没一刻不在我的念中。你来信说还好，我就放心些。照你上函，又像是不很爽快的样子。爱爱，千万保重要紧！为你摩摩。适之明天回沪，我想与他同车走。爸妈一半天也去，再容通报。动身前有电报去，弗念。前到电谅收悉。要赶快车寄出，此时不多写了。堂上大人安健，为我叩叩。

汝摩　年初五

一九二六年二月十八日自上海

我等北京人来谈过，才许走；这事情又是少不了的关键。我怎敢迷拗呢？眉眉，你耐着些吧，别太心烦了。有好戏就伴爹娘去看看，听听锣鼓响暂时总可忘忧。说实话，我也不要你老在火

致陆小曼

炉生得太热的屋子里窝着,这其实只有害处,少有好处;而况你的身体就要阳光与鲜空气的滋补,那比什么神仙药都强。我只收了你两回的信,你近来起居情形怎样,我恨不立刻飞来拥着你,一起翻看你的日记。那我想你总是为在远方的摩摩不断的记着。陆医的药你虽怕吃,娘大约是不肯放松你的。据适之说,他的补方倒是吃不坏的。我始终以为你的病只要养得好就可以复原的;绝妙的养法是离开北京到山里去嗅草香吸清鲜空气;要不了三个月,保你变一只小活老虎。你生性本来活泼,我也看出你爱好天然景色,只是你的习惯是城市与暖屋养成的;无怪缺乏了滋养的泉源,你这一时听了摩摩的话否?早上能比先前早起些,晚上能比先前早睡些否?读书写东西,我一点也不期望你;我只想你在日记本上多留下一点你心上的感想。你信来常说有梦,梦有时怪有意思的;你何不闲着没事,描了一些你的梦痕来给你摩摩把玩?

但是我知道我们都是太私心了,你来信只问我这样那样,我去信也只提眉短眉长,你那边二老的起居我也常在念中。娘过年想必格外辛苦,不过劳否?爸爸呢,他近来怎样,兴致好些否?糖还有否?我深恐他们也是深深的关念我远行人,我想起他们这几月来待我的恩情,便不禁泫然欲涕!眉,你我真得知感些,像这样慈爱无所不至的爹娘,真是难得又难得,我这来自己尝着了味道,才明白娘真是了不得,了不得!到我们恋爱成功日,还不该对她磕一万个响头道谢吗?我说"恋爱成功",这话不免有语病;因为这好像说现在还不曾成功似的。但是亲亲的眉,要知道爱是做不尽的,每天可以登峰,明天还一样可以造极,这不是缝衣,针线有造完工的一天。在事实上呢,当然俗话说的"洞房花烛夜"是一个分明的段落;但你我的爱,眉眉,我期望到海枯石烂日,依旧是与今天一样的风光,鲜艳,热烈。眉眉,我们真得争一口气，努力来为爱做人；也好叫这样疼惜我们的亲人，到晚年落一个心欢的笑容！

我这里事情总算是有结果的。成见的力量真是不小，但我总想凭至情至性的力量去打开他，那怕他铁山般的牢硬。今午与我妈谈，极有进步，现在得等北京人到后，方有明白结束，暂时只得忍耐。老金与L想常在你那里，为我道候，恕不另，梅花香柬到否？

摩祝眉喜　年初六

一九二六年二月二十一日自硖石

眉爱：

今天该是你我欢喜的日子了，我的亲亲的眉眉！方才已经发电给适之，爸爸也写了信给他。现在我把事情的大致讲一讲：我们的家产差不多已经算分了，我们与大伯一家一半。但为家产都系营业，管理仍需统一。所谓分者即每年进出各归各就是了，来源大都还是共同的。例如酱业。银号，以及别种行业。然后在爸爸名下再作为三份开：老辈（爸妈）自己留开一份，幼仪及欢儿立开一份，我们得一份这是产业的暂时支配法。

第二是幼仪与欢儿问题。幼仪仍居干女儿名，在未出嫁前担负欢儿教养责任，如终身不嫁，欢的一份家产即归她管；如嫁则仅能划取一份奁资，欢及余产仍归徐家，尔时即与徐家完全脱离关系。嫁资成数多少，请她自定，这得等到上海时再说定。她不住我家，将来她亦自寻职业，或亦不在南方；但偶尔亦可往来，阿欢两边跑。

第三，离婚由张公权设法公布；你们方面亦请设法于最近期

致陆小曼

内登报声明。

这几条都是消极方面,但都是重要的,我认为可以同意。只要幼仪同意即可算数。关于我们的婚事,爸爸说这时候其实太热,总得等暑后才能去京。我说但我想夏天同你避暑去,不结婚不便。爸说,未婚妻还不一样可以同行?我说但我们婚都没有订。爸说:"那你这回回去就订好了。"我说那也好,媒人请谁呢?他说当然适之是一个,幼伟来一个也好。我说那爸爸就写个信给适之吧。爸爸说好吧。订婚手续他主张从简,我说这回通伯叔华是怎样的,他说照办好了。

眉,所以你我的好事,到今天才算磨出了头,我好不快活。今天与昨天心绪大大的不同了。我恨不得立刻回京向你求婚,你说多有趣。闲话少说,上面的情形你说给娘跟爸爸听。我想办法比较的很合理,他们应当可以满意。

但今年夏天的行止怎样呢?爸爸一定去庐山,我想先回京赶速订婚,随后拉了娘一同走京汉下去,也到庐山去住几时。我十分感到暑天上山的必要,与你身体也有关系,你得好好运动,娘及早预备!多快活,什么理想都达到了!我还说北京顶好备一所房子,爸说北京危险,也许还有大遭灾的一天。我说那不见得吧!我就说陶太太说起的那所房子,爸似乎有兴趣,他说可以看看去。但这且从缓,好在不急:我们婚后即得回南,京寓布置尽来得及也。我急想回京,但爸还想留住我,你赶快叫适之来电要我赶他动身前去津见面,那爸许放我早走。有事情,再谈吧!

你的欢畅了的摩摩

一九二六年二月二十三日自上海

眉：

我在适之这里。他新近照了一张相，荒谬！简直是个小白脸儿哪！他有一张送你的，等我带给你。我昨晚独自在硖石过夜（爸妈都在上海）。十二时睡下去，醒过来以为是天亮，冷得不堪，头也冻，脚也冻，谁知正打三更。听着窗外风声响，再也不能睡熟，想爬起来给你写信。其实冷不过，没有钻出被头勇气。但怎样也睡不着，又想你，蜷着身子想梦，梦又不来。从三更听到四更，从四更听尽五更，才又闭了一回眼。早车又回上海来了。北京来人还是杳无消息。你处也没信，真闷。栈房里人多，连写信都不便；所以我特地到适之这里来，随便写一点给你。眉眉，有安慰给你，事情有些眉目了。昨晚与娘舅寄父谈，成绩很好。他们完全谅解，今天许有信给我爸，但愿下去顺手，你我就登天堂了。妈昨天笑着说我："福气太好了，做爷娘的是孝子孝到底的了。"但是眉眉，这回我真的过了不少为难的时刻。也该的，"为我们的恋爱"可不是？昨天随口想迨几行诗，开头是：

> 我心头平添了一块肉，
> 这辈子算有了归宿！
> 看白云在天际飞，
> 听雀儿在枝上啼。
> 忍不住感恩的热泪，
> 我喊一声天，我从此知足！
> 再不想望更高远的天国！

致陆小曼

眉眉，这怎好？我有你什么都不要了。文章，事业，荣耀，我都不要了。诗，美术，哲学，我都想丢了。有你我什么都有了。抱住你，就比抱住整个的宇宙，还有什么缺陷，还有什么想望的余地？你说这是有志气还是没志气？你我不知道，娘听了，一定骂。别告诉她，要不然她许不要这没出息的女婿了。你一定在盼着我回去，我也何尝不时刻想往眉眉胸怀里飞。但这情形真怕一时还走不了。怎好？爸爸与娘近来好吗？我没有直接（去）信，你得常常替我致意。他们待我真太好了，我自家爹娘，也不过如此。适之在下面叫了，我们要到高梦旦家吃饭去，明天再写。

摩摩祝眉眉福
正月十一日

一九二六年二月二十六日自上海

眉眉乖乖：

今天托沈久之带京网篮一只，内有火腿茶菊，以及家用托买的两包。你一双鞋也带去，看适用否，缎鞋年前已卖完，这双尺寸恰好，但不怎么好。茶菊你替我留下一点，我要另送人。今天我又替你买了一双我自以为极得意的鞋，你一定欢喜，北京一定买不出，是外国做来的，价钱可不小。你的大衣料顶麻烦，我看过，也问过，但始终没有买，也许不买，到北京再说。你说要厚呢夹大衣，那还不是冬天用的，薄的倒有好看的，怕又买不合式。天台橘子倒有，临走时再买，早买要坏。火腿恐不十分好，包头里的好，我还想去买些，自己带。

适之真可恶,他又不走了!赔款委员会仍在上海开,他得在此接洽,他不久搬去沧州别墅。

昨晚有人请我妈听戏,我也陪了去;听的你说是什么?就是上次你想听没听着的《新玉堂春》。尚小云唱得真不坏,下回再有,一定请眉眉听去。

朱素云也配得好,昨晚戏园里挤得简直是水泄不通。戏情虽则简单,却是情形有趣。三堂会审后,穿蓝的官与王金龙作对,他知道王三一定去监牢里会苏三,故意守他们正在监内绸缪的时候,带了衙役去查监。吓得王三涂了满面窑煤,装疯混了出去。后来穿红的官做好人,调和了他们,审清了案子,苏三挂红出狱。苏三到客店里去梳妆一节,小云做得极好,结局拜天地团圆,成全了一对恩爱夫妻。这戏不坏。但我看时也只想着眉眉,她说不定几时候怎样坐立不安的等着我哩!眉眉,我真的心烦,什么事也做不成。今天想写一点给副刊,提了笔直发愣,什么也没有写成。大约在我见眉之前,什么事都不用想了,这几十天就算是白活的,真坑人!思想也乱得很,一时高飞,一时沈底,像在梦里似的,与人谈话也是心不在焉的慌。眉眉,不知道你怎样;我没有你简直不能做人过日子。什么繁华,什么声色,都是甘蔗滓,前天有人很热心的要介绍电影明星,我一点也没兴趣,一概婉辞谢绝。上海可不了,这班所谓明星,简直是"火腿"的变相,那里还是干净的职业,眉眉,你想上银幕的意思趁早打消了吧!我看你还是往文学美术方面,耐心的做去。不要贪快,以你的聪明,只要耐心,什么事不成,你真的争口气,羞羞这势利世界也好!你近来身体怎样,没有信来真急人,昨天有船到,今天还是没有信。大概你压根儿就没有写。我本该明天赶到京和我的爱眉宝贝同过元宵的,谁知我们还得磨折,天罚我们冷清清的一个在南,一个在北,冷眼看人家热闹,自己伤心!新月社一定什么举动也没，风景煞尽的了！你今晚一定特别的难过，满望摩摩元宵回京，谁知道还是这形单影只的！你也只能自己譬解譬解，将来我们温柔的福分厚着，蜜甜的日子多着；名分定了，谁还抢得了？我今晚仍伴妈睡，爸在杭未回。昨晚在第一台见一女，长得真美，妈都看呆了；那一双大眼真惊人，少有得见的。见时再详说。

堂上请安。

摩摩问候　元宵前夜

一九二六年七月十七日自硖石

小眉芳睐：

昨宿西山，三人谑浪笑傲，别饶风趣。七搔首弄姿，竟像煞有介事。海梦呓连篇，不堪不堪！今日更热，屋内升九十三度，坐立不宁，头昏犹未尽去。今晚决赴杭，西湖或有凉风相邀待也。

新屋更须月许方可落成，已决安置冷热水管。楼上下房共二十余间，有浴室二。我等已派定东屋，背连浴室，甚符理想。新屋共安电灯八十六，电料我自去选定，尚不太坏，但系暗线。又已装妥，将来添置不知便否？眉眉爱光，新床左右，尤不可无点缀也。此屋尚费商量，因旧屋前进正挡前门，今想一律拆去，门前五开间，一律作为草地，杂种花木，方可像样。惜我爱卿不在，否则即可相偕着手布置矣，岂不美妙。楼后有屋顶露台，远瞰东西山景，颇亦不恶。不料辗转结果，我父乃为我眉营此香巢；无此固无以寓此娇燕，言念不禁莞尔。我等今夜去杭，后日（十九）乃去天目。看来二十三快车万赶不及，因到沪尚须看好家具陈设，煞费商量也。如此至早须月底到京，与眉聚首虽近，然别来无日不忐忑若失。眉无摩不自得，摩无眉更手足不知所措也。

昨回硖，乃得适之复电，云电码半不能读，嘱重电知。但期已过促，今日计程已在天津，电报又因水患不通，竟无以复电。然去函亦该赶到，但愿冯六处已有接洽，此是父亲意，最好能请到，想六爷自必乐为玉成也。

眉眉，日来香体何似？早起之约尚能做到否？闻北方亦奇热，遥念爱眉独处困守，神驰心塞，如何可言？闻慰慈将来沪，帮丁在君办事，确否？京中友辈已少，慰慈万不能秋前让走；希转致此意，即此默吻眉肌颂儿安好。

摩　七月十七日

一九二六年七月二十一日自西天目山

眉儿：

在深山中与世隔绝，无从通问，最令悁悁。三日来由杭而临安，行数百里，纤道登山。旅中颇不少可纪事，皆愿为眉一一言之；恨邮传不达，只得暂纪于此，归时再当畅述也。

前日发函后，即与旅伴（歆海，老七及李藻孙）出游湖，以为晚凉有可乐者；岂意湖水尚热如汤，风来烘人，益增烦㥥。舟过锦华桥，便访春润庐，适值蔡鹤卿先生驻踪焉。因遂谒谈有顷。蔡氏容貌甚癯，然肤色如棕如铜，若经鞣然，意态故蔼婉恂恂，所谓"婴儿"者非欤？谈京中学业，甚愤慨，言下甚坚绝，决不合作："既然要死，就应该让他死一个透；这样时局，如何可以混在一起？适之倒是乐观，我很感念他；但事情还是没有办法的，我无论如何不去。"

平湖秋月已设酒肆，稍近即闻汗臭。晚间更有猥歌声，湖上风流更不可问矣。移棹向楼外楼，满拟一棹幽静，稍远尘嚣。讵此楼亦经改作，三层楼房，金漆辉煌，有屋顶，有电扇。昔日闲逸风趣竟不可复得。因即楼下便餐，菜亦视前劣甚。柳梢头明月依然，仰对能毋愧煞！

仁圃蟠桃味甘乃无伦，新莲亦冽香激齿。眉此时想亦在莲瓢中讨生活也。

夜间旅客房中有一趣闻：一土妓伴客即宿矣，忽遁迹不见。遍觅无有，而前后门固早扃。迨日向晨，始于楼上便室中发见，殊可噱。

十九日早六时起，六时二十分汽车开行，约八时到临安。修道甚佳，一路风色尤媚绝，此后更不虞路难矣。临安登轿，父亲体重，舆夫三名不胜，增至四；四犹不胜，增至六。上山时簇拥邪许而前，态至狼狈。十时半抵螺丝岭，新筑有屋，住僧为备饭。十二时又前行，及四时乃抵山麓。小憩龙泉寺，啖粥点心。乃盘道上山，幸云阻目光，山风稍动，不过热。轿夫皆称老爷福量大。登山一里一凉亭，及第五亭乃见瀑，狠泻石罅间，殊不庄严。近人为筑亭，颜天琴，坐此听瀑，远瞰群岗，亦一小休。到此东天目钟声剪空而来，山林震荡，意致非常。

今寓保福楼，窗前山色林香，别有天地。左一峦顶，松竹丛中，钟楼在焉。昨晚月色朦胧，忽复明爽；约藻孙与七步行入林，坐石上听泉，有顷乃归，所思邈矣。夜凉甚重，厚衾裹卧，犹有寒意。

二十日早上山，去昭明太子分经台，欲上寻龙潭，不成，悻悻折回。登山不到顶，此第一次也。又去寺右侧洗眼池。山中风色描写不易。杉佳，竹佳，钟声佳；外此则远眺群山，最使恰旷。

二十一日早下山。十时到西天目。地当山麓，寺在胜间，胜地也。

一九二八年六月十七日自神户途中

亲爱的：

离开了你又是整一天过去了。我来报告你船上的日子是怎么过的。我好久没有甜甜的睡了。这一时尤其是累，昨天起可有了休息了；所以我想以后生活觉得太倦了的时候，只要坐船，就可以养过来。长江船实在是好，我回国后至少我得同你去来回汉口坐一次。你是城里长大的孩子，不知道乡居水居的风味，更不知道海上河上的风光；这样的生活实在是太窄了，你身体坏一半也是离天然健康的生活太远的原故。你坐船或许怕晕，但走长江乃至走太平洋决不至于。因为这样的海程其实说不上是航海，尤其在房间里，要不是海水和机轮的声响，你简直可以疑心这船是停着的。昨晚给你写了信就洗澡上床睡，一睡就着，因为太倦了，一直睡到今早上十点钟才起来。早饭已吃不着，只喝一杯牛奶。穿衣服最是一个问题，昨晚上吃饭，我穿新做那件米色华丝纱，外罩春舫式的坎肩；照照镜子，还不至于难看。文伯也穿了一件艳绿色的绸衫子，两个人联袂而行，趾高气扬的进餐堂去。我倒懊恼中国衣带太少了，尤其那件新做蓝的夹衫，我想你给我寄纽约去，只消挂号寄，不会遗失的；也许有张单子得填，你就给我寄吧，用得着的。还有人和里我看中了一种料子，只要去信给田先生，他知道给染什么颜色。染得了，让拿出来叫云裳按新做那件尺寸做，安一个嫩黄色的极薄绸里子最好；因为我那件旧的黄

致陆小曼

夹衫已经褪色，宴会时不能穿了。你给我去信给爸爸，或是他还在上海，让老高去通知关照人和要那件料子。我想你可以替我办吧。还有衬里的绸裤褂（扎脚管的）最好也给做一套，料子也可以到人和要去，只是你得说明白材料及颜色。你每回寄信的时候不妨加上"Via Vancouver"也许可以快些。

今天早上我换了洋服，白哗叽裤，灰法兰绒褂子，费了我好多时候，才给打扮上了，真费事。最糟的是我的脖子确从先十四寸半长到了十五寸，而我的衣领等等都还是十四寸半，结果是受罪。尤其是瑞午送我那件特别 shirt，领子特别小，正怕不能穿，那真可惜。穿洋服是真不舒服，脖子，腰，脚，全上了镣铐，行动都感到拘束，那有我们的服装合理，西洋就是这件事情欠通，晚上还是中装。

饭食也还要得，我胃口也有渐次增加的趋向。最好一样东西是橘子，真正的金山橘子，那个儿的大，味道之好，同上海卖的是没有比的。吃了中饭到甲板上散步，走七转合一哩，我们是宽袍大袖，走路斯文得很。有两个牙齿雪白的英国女人走得快极了，我们走小半转，她们走一转。船上是静极了的，因为这是英国船，客人都是些老头儿，文伯管他们叫作 retired burglars，因为他们全是在东方赚饱了钱回家去的。年轻女人虽则也有几个，但都看不上眼，倒是一位似乎福建人的中国女人长得还不坏。可惜她身边永远有两个年轻人拥护着，说的话也是我们没法懂的，所以也只能看看。到现在为止，我们跟谁都没有交谈过，除了房间里的 boy，看情形我们在船上结识朋友的机会是少得很，英国人本来是难得开口，我们也不一定要认识他们。船上的设备和布置真是不坏；今天下午我们各处去走了一转，最上层的甲板是叫 sun deck，可以太阳浴。那三个烟囱之粗，晚上看看真吓人。一个游泳池真不坏，碧清的水逗人得很，我可惜不会游水，否则天热了,一天浸在里面都可以的。健身房也不坏,小孩子另有陈设玩具的屋子,图书室也好,只有是书少而不好。音乐也还要得,晚上可以跳舞,但没人跳。电影也有,没有映过。我们也到三等烟舱里去参观了,那真叫我骇住了,简直是一个 China Town 的变相,都是赤膊赤脚的,横七竖八的躺着,此外摆着十几只长方的桌子,每桌上都有一两人坐着,许多人围着。我先不懂,文伯说了,我才知道是"摊",赌法是用一大把棋子合在碗下,你可以放注,庄家手拿一根竹条,四颗四颗的拨着数,到最后剩下的几颗定输赢。看情形进出也不小,因为每家跟前都是有一厚叠的钞票:这真是非凡,赌风之盛,一至于此!还有一件奇事,你随便什么时候可以叫广东女人来陪,呜呼!中华的文明!

　　下午望见有名的岛山,但海上看不见飞鸟。方才望见一列的灯火,那是长崎,我们经过不停。明日可到神户,有济远来接我们,文伯或许不上岸。我大概去东京,再到横滨,可以给你寄些小玩意儿,只是得买日本货,不爱国了,不碍吗?

　　我方才随笔写了一短篇《卞昆冈》的小跋,寄给你,看过交给上沅付印,你可以改动,你自己有话的时候不妨另写一段或是附在后面都可以。只是得快些,因为正文早已印齐,等我们的序跋和小鹣的图案了,这你也得马上逼着他动手,再迟不行了!再伯生他们如果真演,来请你参观批评的话,你非得去,标准也不可太高了,现在先求有人演,那才看出戏的可能性,将来我回来,自然还得演过。不要忘了我的话。同时这夏天我真想你能写一两个短戏试试,有什么结构想到的就写信给我,我可以帮你想想,我对于话剧是有无穷愿望的,你非得大大的帮我忙,乖囡!

　　你身体怎样,昨天早起了不太累吗?冷东西千万少吃,多多保重,省得我在外提心吊胆的!

　　妈那里你去信了没有?如未,马上就写。她一个人在也是怪

致陆小曼

可怜的。爸爸,娘大概是得等竟武信,再定搬不搬;你一人在家各事都得警醒留神,晚上早睡,白天早起,各事也有个接洽,否则你迟睡,淑秀也不早起,一家子就没有管事的人了,那可不好。

文伯方才说美国汉玉不容易卖,因为他们不承认汉玉,且看怎样。明儿再写了,亲爱的,哥哥亲吻你一百次,祝你健安。

摩摩　十七日夜

一九二八年六日十八日自东京途中

亲爱的:

我现在一个人在火车里往东京去;车子震荡得很凶,但这是我和你写信的时光,让我在睡前和你谈谈这一天的经过。济远隔两天就可以见你,此信到,一定远在他后,你可以从他知道我到日时的气色等等。他带回去一束手绢,是我替你匆匆买得的,不一定别致;到东京时有机会再去看看,如有好的,另寄给你。这真是难解决,一面是为爱国,我们决不能买日货,但到了此地看各样东西制作之玲巧,又不能不爱。济远说你若来,一定得装几箱回去才过瘾。说起我让他过长崎时买一筐日本大樱桃给你,不知他能记得否。日本的枇杷大极了,但不好吃。白樱桃亦美观,但不知可口不?我们的船从昨晚起即转入——岛国的内海,九州各岛灯火辉煌,于海波澎湃夜色苍茫中,各具风趣。今晨起看内海风景,美极了,水是绿的,岛屿是青的,天是蓝的;最相映成趣的是那些小渔船一个个扬着各色的渔帆,黄的、蓝的、白的、灰的,在轻波间浮游,我照了几张,但因背目光,怕不见好。饭后船停在神户口外,日本人上船来检验护照。我上函说起那比较看得的中国的女子,大约是避绑票一类,全家到日本上岸。我和文伯说这样好,一船上男的全是蠢,女的全是丑,此去十余日如何受得了。我就想象如果乖你同来的话,我们可以多么堂皇的并肩而行,叫一船人尽都侧目!大锋头非得到外围出,明年咱们一定得去西洋——单是为呼吸海上清新的空气也是值得的。

  船到四时才靠岸,我上午发无线电给济远的,他所以约了鲍振青来接,另外同来一两个新闻记者,问这样问那样的,被我几句滑话给敷衍过去了,但相是得照一个的,明天的神户报上可见我们的尊容了。上岸以后,就坐汽车乱跑,街上新式的雪佛洛来跑车最多,买了一点东西,就去山里看雌雄泷瀑布,当年叔华的兄姊淹死或闪死的地方。我喜欢神户的山,一进去就扑鼻的清香,一般凉爽气侵袭你的肘腋,妙得很。一路上去有卖零星手艺及玩具的小铺子,和文伯买了两根刻花的手杖。我们到雌雄泷池边去坐谈了一阵,暝色从林木的青翠里浓浓的沁出,飞泉的声响充满了薄暮的空山:这是东方山水独到的妙处。下山到济远寓里小憩;说起洗澡,济远说现在不仅通伯敢于和别的女人一起洗,就是叔华都不怕和别的男性共浴,这是可咋舌的一种文明!

  我们要了大葱面点饥,是葱而不臭,颇入味。鲍君为我发电报,只有平安两字,但怕你们还得请教小鹅,因为用日文发要比英文便宜几倍的价钱。出来又吃鳗饭,又为鲍君照相(此摄影大约可见时报)。赶上车,我在船上买的一等票,但此趟急行车只有睡车二等而无一等,睡车又无空位,怕只得坐这一宵了。明早九时才到东京,通伯想必来接。后日去横滨上船,想去日光或箱根一玩,不知有时候否。曼,你想我不?你身体见好不?你无时不在我切念中,你千万保重,处处加爱,你已写信否?过了后天,你得过一个月才得我信,但我一定每天给你写,只怕你现在精神不好,信过长了使你心烦。我知道你不喜欢我说哲理话,但你知道你哥哥爱是深入骨髓的。我亲吻你一千次。

摩摩　十八日

一九二八年六月二十四日自西雅图途中

眉眉：

　　我说些笑话给你听：这一个礼拜每晚上，我都躲懒，穿上中国大褂不穿礼服，一样可以过去。昨晚上文伯说：这是星期六，咱们试试礼服吧。他早一个钟头就动手穿，我直躺着不动，以为要穿就穿，那用着多少时候。但等到动手的时候，第一个难关就碰到了领子；我买的几个硬领尺寸都太小了些，这罪可就受大了，而且是笑话百出。因为你费了多大劲把它放进了一半，一不小心，它又out了！简直弄得手也酸了，胃也快翻了，领子还是扣不进去。没法想，只得还是穿了中国衣服出去。今天赶一个半钟点前就动手，左难右难，哭不是，笑不是的麻烦了足足一个时辰，才把它扣上了。现在已经吃过饭，居然还不闹乱子，还没有out！这文明的麻烦真有些受不了。到美国我真想常穿中国衣，但又只有一件新做的可穿，我上次信要你替我去做，不知行不？

　　海行冷极了，我把全副行头都给套上，还觉得凉。天也阴凄凄的不放晴；在中国这几天正当黄梅，我们自从离开日本以来简直没有见过阳光，早晚都是这晦气脸的海和晦气脸的天。甲板上的风又受不了，只得常常躲在房间里。惟一的消遣是和文伯谈天。这有味！我们连着谈了几天了，谈不完的天。今天一开眼就——喔，不错，我一早傲一个怪梦，什么Freddy叫陶太太拿一把棍子闹着玩儿给打死了——开眼就捡到了sociecy ladies的题目瞎谈，从唐瑛讲到温大龙（one dollar），从郑毓秀讲到小黑牛。这讲完了，又讲有名的姑娘，什么爱之花，潘奴，雅秋，亚仙的胡扯了半天。这讲了，又谈当代的政客，又讲银行家，大少爷，学者，学者们的太太们，什么都谈到了。曼！天冷了，出外的人格外思家。昨天我想你极了，但提笔写可又写不上多少话；今天我也真想你，难过得很，许是你也想我了。这黄梅时阴凄的天气谁不想念他的亲爱的？

你千万自己处处格外当心——为我。

文伯带来一箱女衣，你说是谁的？陈洁如你知道吗？蒋介石的太太，她和张静江的三小姐在纽约，我打开她箱子来看了，什么尺呀，粉线袋，百代公司唱词本儿，香水，衣服，什么都有。等到纽约见了她，再作详细报告。

今晚有电影，Billie Dove 的，要去看了。

摩摩的亲吻　六月二十四日

一九二八年七月二日自西雅图

曼：

不知怎的车老不走了，有人说前面碰了车；这可不是玩，在车上不比在船上，拘束得很，什么都不合式，虽则这车已是再好没有的了，我们单独占一个房间，另花七十美金，你说多贵！前昨的经过始终不曾说给你听，现在补说吧！

Victoria 这是有钱人休息的一个海岛，人口有六七万，天气最好，至热不过八十度，到冷不逾四十，草帽白鞋是看不见的。住家的房子有很好玩的，各种的颜色玲巧得很，花木那儿都是，简直找不到一家无花草的人家。这一季尤其各色的绣球花，红白的月季，还有长条的黄花，紫的香草，连绵不断的全是花。空气本来就清，再加花香，妙不可言。街道的干净也不必说。我们坐车游玩时正九时，家家的主妇正铺了床，把被单挂到廊下来晒太阳。送牛奶的赶着空车过去，街上静得很；偶尔有一两个小孩在街心里玩，但最好的地方当然是海滨：近望海里，群岛罗列，白鸟飞翔，已是一种极闲适之景致；远望更佳，夏令配克高峰都是戴着雪帽的，在朝阳里煊耀：这使人尘俗之念，一时解化。我是个崇拜自然者，见此如何不倾倒！游罢去皇后旅馆小憩；这旅馆也大极了，花园尤佳，竟是个繁花世界，草地之可爱，更是中国所不可得见。

中午有本地广东人邀请吃面，到一北京楼，面食不见佳，却有一特点女堂倌是也。她那神情你若见了，一定要笑，我说你听。

> 姑娘是琼州生长的女娃！
> 生来粗眉大眼刮刮叫的英雄相，
> 打扮得像一朵荷花透水鲜，
> 黑绸裙，白丝袜，粉红的绸衫，
> 再配上一小方围腰；
> 她走道儿是玲丁当，
> 她开口时是有些儿风骚；
> 一双手倒是十指尖；
> 她跟你斟上酒又倒上茶……

据说这些打扮得娇艳的女堂倌，颇得洋人的喜欢。因为中国菜馆的生意不坏，她们又是走码头的，在加拿大西美名城子轮流做招待的。她们也会几支山歌，但不是大老板，她们是不赏脸的。下午四时上船，从维多利亚到西雅图，这船虽小，却甚有趣。客人多得很，女人尤多。在船上，我们不说女人没有好看的吗？现在好了，越向内地走，女人好看的似乎越多；这船上就有不少看得过的。但我倦极了，一上船就睡着了。这船上有好玩的，一组女人的音乐队，大约不是俄国便是波兰人吧！打扮得也有些妖形怪气的，胡乱吹打了半天，但听的人实在不如看的人多！船上的风景也好，我也无心看，因为到岸就得检验行李过难关。八时半到西雅图，还好，大约是金问泗的电报，领馆里派人来接，也多亏了他；出了些小费，行李居然安然过去。现在无妨了，只求得到主儿卖得掉，否则原货带回，也够扫兴的不是？当晚为护照行李足足弄了两小时，累得很；一到客栈，吃了饭，就上床睡。不到半夜又醒了，总是似梦非梦的见着你，怎么也睡不着。临睡前额角在一块玻璃角上撞起了一个窟窿，腿上也磕出了血，大约是小晦气，不要紧的，你们放心。昨天早上起来去车站买票，弄行李，离开车尚有一小时。雇一辆汽车去玩西雅图城，这是一个山城，街道不是上，就是下，有的峻险极了，看了都害怕。山顶就一只长八十里的大湖叫 Lake Washington。

可惜天阴，望不清。但山里住家可太舒服了。十一时上车，车头是电气的，在万山中开行，说不尽的好玩。但今朝又过好风景，我还睡着错过了！可惜。后天是美国共和纪念日，我们正到芝加哥。我要睡了，再会！

摩　七月二日

一九二八年十二月二十五日自北平

小曼：

到今天才偷着一点闲来写信，但愿在写完以前更不发生打

致陆小曼

岔。到了北京是真忙，我看人，人看我，几个转身就把白天磨成了夜。先来一个简单的日记吧。

星期六在车上又逢着了李济之大头先生，可算是欢喜冤家，到处都是不期之会。车误了三个钟头，到京已晚十一时。老金，丽琳，瞿菊农，都来站接我：故旧重逢，喜可知也。老金他们已迁入叔华的私产那所小洋屋，和她娘分住两厢，中间公用一个客厅。初进厅老金就打哈哈，原来新月社那方大地毯，现在他家美美的铺着哪。如此说来，你当初有些错冤了王公厂了。丽琳还是那旧精神，开口难幺闭口面的有趣。老金长得更丑更蠢更笨更呆更木更傻不鸡鸡了！他们一开口当然就问你，直骂我，说什么都是我的不是，为什么不离开上海？为什么不带你去外国，至少上北京？为什么听你在腐化不健康的环境里耽着？这样那样的听说了一大顿，说得我哑口无言。本来是无可说的！丽琳自告奋勇她要去上海看看你倒是怎么回事。种种的废话都是长翅膀的，可笑却也可厌。他俩还得向我开口正式谈判哪，可怕！

Emma 已不和他们同住，不合式，大小姐二小姐分了家了。当晚 Emma 也来了，她可也变了样，又老又丑，全不是原先巴黎伦敦丰采，大为扫兴。

第二天星期一，早去协和，先见思成。梁先生的病情谁都不能下断语，医生说希望绝无仅有，神智稍为清宁些，但绝对不能见客，一兴奋病即变相。前几天小便阻塞，过一大危险，亦为兴奋。因此我亦只得在门缝里张望，我张了两次：一次正躺着，难看极了，半只脸只见瘦黑而焦的皮包着骨头，完全脱了形了，我不禁流泪；第二次好些，他靠坐着和思成说话，多少还看出几分新会先生的神采。昨天又有变象，早上忽发寒热，抖战不止。热度升至四十以上，大夫一无捉摸；但幸睡眠甚好，饮食亦佳。老先生实在是绞枯了脑汁，流干了心血，病发作就难以支持；但也还难说，竟许他还能多延时日。梁大小姐亦尚未到。思成因日前离津去奉，梁先生病已沈重，而左右无人作主，大为一班老辈朋友所责备。彼亦面黄肌瘦，看看可怜。林大小姐则不然，风度无改，涡媚犹圆，谈锋尤健，兴致亦豪；且亦能吸烟卷喝啤酒矣！

星期中午老金为我召集新月故侣，居然尚有二十余人之多。计开：任叔永夫妇，杨景任，熊佛西夫妇，余上沅夫妇，陶孟和夫妇，邓叔存，冯友兰，杨今甫，丁在君，吴之椿，瞿菊农等。彭春临时赶到，最令高兴，但因高兴喝酒即多，以致终日不适，腹绞脑涨，下回自当留意。

星期晚间在君请饭，有彭春及思成夫妇，瞎谈一顿。昨天星一早去石虎胡同寒老处，并见慰堂，略谈任师身后布置，此公可称以身殉学问者也，可敬！午后与彭春约同去清华，见今甫等。彭春对学生谈戏，我的票也给绑上了，没法摆脱。罗校长居然全身披挂，威风凛凛，杀气腾腾，然其太太则十分循顺，劝客吃糖食十分殷勤也。晚归路过燕京，见到冰心女士；承蒙不弃，声声志摩，颇非前此冷傲，异哉。与 P. C. 进城吃正阳楼双脆烧炸肥瘦羊肉，别饶风味。饭后看荀慧生《翠屏山》，配角除马富禄外，太觉不堪，但慧生真慧，冶荡之意描写入神，好！戏完即与彭春去其寓次长谈。谈长且畅，举凡彼此两三年来屯聚于中者一齐倾吐无遗，难得难得！直至破晓，方始入寐，彭春惧一时不能离南开；乃兄已去国，二千人教育责任，尽在九爷肩上，然彭春极想见曼，与曼一度长谈。一月外或可南行一次，我亦亟望其能成行也。P. C. 真知你我者。如此知己，仅矣！今日十时去汇业见叔濂，门锁人愁，又是一番景象。此君精神颇见颓丧，然言自身并无亏空，不知确否。

午间思成，藻孙约饭东兴楼，重尝乌鱼蛋芙蓉鸡片。饭后去淑筠家，老伯未见，见其姬，函款面交。希告淑筠，去六阿姨处,无人在家,仅见黑哥之母(?)。三舅母处想明日上午去,西城亦有三四处朋友也。今晚杨邓请饭,及看慧生全本《玉堂春》。明晚或可一见小楼小余之《八大锤》。三日起居注,絮絮述来,已有许多,俱见北京友生之富。然而京华风色不复从前,萧条景象,到处可见,想了伤心。友辈都要我俩回来,再来振作一番风雅市面,然而已矣!

曼!日来生活如何,最在念中,腿软已见除否?夜间已移早否?我归期尚未能定。大约下星四动身。但梁如尔时有变,则或尚须展缓,文伯慰慈已返京,尚未见。文伯麻子今煌煌大要人矣。

堂上均安不另。

汝摩亲吻　星期二

一九三一年二月二十四日自北平

眉:

前天一信谅到,我已安到北平。适之父子和丽琳来车站接我。胡家一切都替我预备好,被窝等等一应俱全。我的两件丝棉袍子一破一烧,胡太太都已替我缝好。我的房间在楼上,一大间,后面是祖望的房,再过去是澡室,房间里有汽炉,舒适得很。温源宁要到今晚才能见,因此功课如何,都还不得而知;恐怕明后天就得动手工作。北京天气真好,碧蓝的天,大太阳照得通亮;最妙的是徐州以南满地是雪,徐州以北一点雪都没有。今天稍有风,但也不见冷。前天我写信后,同小郭去钱二黎处小坐,随后到程连士处(因在附近),程太太留吃点心,出门时才觉得时候太迟了些,车到江边跑极快,才走了七分钟,可已是六点一刻。最后一趟过江的船已于六点开走,江面上雾茫茫的只见几星轮船上的灯火。我想糟,真闹笑话了,幸亏神通广大,居然在十分钟内,找到了一只小火轮,单放送我过去。我一个人独立苍茫,看江涛滚滚,别有意境。到了对岸,已三刻,赶快跑,偏偏橘子篓又散了满地,狼狈之至。等到上车,只剩了五分钟,你说险不险!同房间一个救世军的小军官。同车相识者有翁咏霓。车上大睡,第一晚因大热,竟至梦魇。一个梦是湘眉那猫忽然反了,约了另一只猫跳上床来攻打我,凶极了,我几乎要喊救命。说起湘眉要那猫,不为别的,因为她家后院也闹耗子,所以要她去镇压镇压。她在我们家,终究是客,不要过分亏待了她,请你关照荷贞等,大约不久,张家有便,即来携取的。我走后你还好否?想已休养了过来。过年是有些累;我在上海最苦是不够睡。娘好否?说我请安。硖石已去信否?小蝶墨盒及信已送否?大夏六十元支票已送来否?来信均盼提及,电报不便,我或者不发了。此信大后日可到。你晚上睡得好否?立盼来信!常写要紧。早睡早起,才乖。

汝摩 二月二十四日

一九三一年二月二十六日自北京

眉爱:

前日到后,一函托丽琳付寄,想可送到。我不曾发电,因为这里去电报局颇远,而信件三日内可到,所以省了。现在我要和你说的是我教书事情的安排。前晚温源宁来适之处,我们三个人谈到深夜。北大的教授(三百)是早定的,不成问题。只是任课比中大的多,不甚愉快。此外还是问题,他们本定我兼女大教

致陆小曼

授,那也有二百八,连北大就六百不远。但不幸最近教部严令禁止兼任教授,事实上颇有为难处,但又不能兼。如仅仅兼课,则报酬又甚微,六点钟不过月一百五十。总之此事尚未停当,最好是女大能兼教授,那我别的都不管,有二百八和三百,只要不欠薪,我们两口子总够过活。就是一样,我还不知如何。此地要我教的课程全是新的,我都得从头准备,这是件麻烦事;倒不是别的,因为教书多占了时间,那我愿意写作的时间就得受损失。适之家地方倒是很好,楼上楼下,并皆明敞。我想我应得可以定心做做工。奚若昨天自清华回,昨晚与丽琳三人在玉华台吃饭。老金今晚回,晚上在他家吃饭。我到此饭不曾吃得几顿,肚子已坏了。方才正在写信,底下又闹了笑话,狼狈极了;上楼去,偏偏水管又断了,一滴水都没有。你替我想想是何等光景?(请不要逢人就告,到底年纪不小了,有些难为情的。)最后要告诉你一件我决不曾意料的事:思成和徽因我以为他们早已回东北,因为那边学校已开课。我来时车上见郝更生夫妇,他们也说听说他们已早回,不想他们不但尚在北平而且出了大岔子,惨得很,等我说给你听:我昨天下午见了他们夫妇俩,瘦得竟像一对猴儿,看了真难过。你说是怎么回事?他们不是和周太太(梁大小姐)思永夫妇同住东直门的吗?一天徽因陪人到协和去,被她自己的大夫看见了,他一见就拉她进去检验,诊断的结果是病已深到危险地步,目前只有停止一切劳动,到山上去静养。孩子,丈夫,朋友,书,一切都须隔绝,过了六个月再说话,那真是一个晴天里霹雳。这几天小夫妻俩就像是热锅上的蚂蚁直转,房子在香山顶上有,但问题是叫思成怎么办?徽因又舍不得孩子,大夫又绝对不让,同时孩子也不强,日见黄白。你要是见了徽因,眉眉,你一定吃吓。她直连脸上的骨头都看出来了;同时脾气更来得暴躁。思成也是可怜,主意东也不是,西也不是。凡是知道的朋友,不说我,没有不替他们发愁的;真有些惨,又是爱莫能助,这岂不是人生到此天道宁论?丽琳谢谢你,她另有信去。你自己这几日怎样?何以还未有信来?我盼着!夜晚睡得好否?寄娘想早来。瑞午金子已动手否?盼有好消息!娘好否?我要去东兴,郑苏戡在,不写了。

摩吻

一九三一年三月七日自北平

至爱妻曼:

到今天才得你第二封信,真是眼睛都盼穿了。我已发过六封信,平均隔日一封也不算少,况且我无日无时不念着你。你的媚影站在我当前,监督我每晚读书做工,我这两日常责备她何以如此躲懒,害我提心吊胆,自从虞裳说你腮肿,我曾梦见你腮肿得西瓜般大。你是错怪了亲爱的。至于我这次走,我不早说了又说,本是一件无可奈何事。我实在害怕我自己真要陷入各种痼疾,那岂不是太不成话,因而毅然北来。今日崇庆也函说,母亲因新年劳碌发病甚详,我心里何尝不是说不出的难过。但愿天保佑,春气转暖以后,她可以见好。你,我岂能舍得。但思量各方情形,姑息因循大家没有好处,果真到了无可自救的日子那又何苦?所以忍痛把你丢在家里,宁可出外过和尚生活。我来后情形,我函中都已说及,将来你可以问胡太太即可知道。我是怎样一个乖孩子,学校上课我也颇为认真,希望自励励人,重新再打出一条光明路来。这固然是为我自己,但又何尝不为你亲眉,你岂不懂得?至于梁家,我确是梦想不到有此一着;况且此次相见与上回不相同,半亦因为外有浮言,格外谨慎,相见不过三次,

致陆小曼

绝无愉快可言。如今徽因偕母挈子，远在香山，音信隔绝，至多等天好时与老金，奚若等去看她一次。（她每日只有两个钟头可见客。）我不会伺候病，无此能干，亦无此心思；你是知道的，何必再来说笑我。我在此幸有工作，即偶尔感觉寂寞，一转眼也就过去；所以不放心的只有一个老母，一个你。还有娘始终似乎不十分了解，也使我挂念。我的知心除了你更有谁？你来信说几句亲热话，我心里不提有多么安慰。已经南北隔离，你再要不高兴我如何受得？所以大家看远一些，忍耐一些，我的爱你，你最知道，岂容再说。I may not love you so passionately as before but I love all the more sincerely and truly for all those years. And may this brief separation bring about another gush of passionate love from both sides so that each of us will be willing to sacrifice for the wake of the other! 我上课颇感倦，总是缺少睡眠。明日星期，本可高卧，但北大学生又在早九时开欢迎会，又不能不去。现已一时过，所以不写了。今晚在丰泽园，有性仁，老郑等一大群。明晚再写，亲爱的，我热烈的亲你。

摩　三月七日

一九三一年三月十九日自北平

爱眉亲亲：

今天星四，本是功课最忙的一天，从早起直到五时半才完。又有莎菲茶会，接着 swan 请吃饭，回家已十一时半，真累。你的快信在案上。你心里不快，又兼身体不争气，我看信后，十分难受。我前天那信也说起老母，我未尝不知情理。但上海的环境我实在不能再受。再窝下去，我一定毁；我毁，于别人亦无好处，于你更无光鲜。因此忍痛离开；母病妻弱，我岂无心？所望你能明白，能助我自救；同时你亦从此振拔，脱离痼疾；彼此回复健康活泼，相爱互助，真是海阔天空，何求不得？至于我母，她固然不愿我远离，但同时她亦知道上海生活于我无益，故闻我北行，绝不阻拦。我父亦同此态度；这更使我感念不置。你能明白我的苦衷，放我北来，不为浮言所惑，亦使我对你益加敬爱。但你来信总似不肯舍去南方。硖石是我的问题，你反正不回去。在上海与否，无甚关系。至于娘，我并不曾要你离开她。如果我北京有家，我当然要请她来同住。好在此地房舍宽敞，决不至如上海寓处的局促。我想只要你肯来，娘为你我同居幸福，决无不愿同来之理。你的困难，由我看来，决不在尊长方面，而完全是在积习方面。积重难返，恋土情重是真的。（说起报载法界已开始搜烟，那不是玩！万一闹出笑话来，如何是好？这真是仔细打点的时机了。）我对你的爱，只有你自己最知道，前三年你初沾上习的时候，我心里不知有几百个早晚，像有蟹在横爬，不提多么难受。但因你身体太坏，竟连话都不能说，我又是好面子，要做西式绅士的，所以至多只是短时间绷长着一个脸，一切都郁在心里。如果不是我身体苗壮，我一定早得神经衰弱。我决意去外国时是我最难受的表示。但那时万一希冀是你能明白我的苦衷，提起勇气做人。我那时寄回的一百封信，确是心血的结晶，也是漫游的成绩。但在我归时，依然是照旧未改；并且招惹了不少浮言。我亦未尝不私自难受，但实因爱你过深，不惜处处顺你从着你，也怪我自己意志不强，不能在不良环境中挣出独立精神来。在这最近二年，多因循复因循，我可说是完全同化了。但这终究不是道理！因为我是我，不是洋场人物。于我固然有损，于你亦无是处。幸而还有几个朋友肯关切你我的健康和荣誉，为你我另开生路，固然事实上似乎有不少不便，但只要你这次能信从你爱

致陆小曼

摩的话,就算是你牺牲,为我牺牲。就算你和一个地方要好,我想也不至于要好得连一天都分离不开。况且北京实在是好地方。你实在是过于执一不化,就算你这一次迁就,到北方来游玩一趟,不合意时尽可回去,难道这点面子都没有了吗?我们这对夫妻,说来也真是特别;一方面说,你我彼此相互的受苦与牺牲,不能说是不大。很少夫妇有我们这样的脚根。但另一方面说,既然如此相爱,何以又~再舍得相离?你是大方,固然不错,但事情总也有个常理。前几年,想起真可笑。我是个痴子,你素来知道的。你真的不知道我曾经怎样渴望和你两人并肩散一次步,或同出去吃一餐饭,或同看一次电影,也叫别人看了羡慕。但说也奇怪,我守了几年,竟然守不着一单个的机会,你没有一天不是engaged 的,我们从没有 privacy 过。到最近,我已然部分麻木,也不想望那种世俗幸福。即如我行前,我过生日,你也不知道。我本想和你同吃一餐饭,玩玩。临别前,又说了几次,想要实行至少一次的约会,但结果我还是脱然远走,一单次的约会都不得实现。你说可笑不?这些且不说它,目前的问题,第一还是你的身体。你说我在家,你的身体不易见好,现在我不在家了,不正是你加倍养息的机会?所以你爱我,第一就得咬紧牙根,养好身体。其次想法脱离习惯,再来开始我们美满的结婚幸福。我只要好好下去,做上三两年工,在社会上不怕没有地位,不怕没有高尚的名誉。虽则不敢担保有钱,但饱暖以及适度的舒服总可以有。你何至于遽尔悲观?要知道,我亲亲至爱的眉眉,我与你是一体的,情感思想是完全相通的;你那里一不愉快,我这里立即感到。心上一不舒适,如何还有勇气做事?要知道我在这里确有些做苦工的情形。为的无非是名气,为的是有荣誉的地位,为的是要得朋友们的敬爱,方便尤在你。我是本有颇高地位,用不着从平地筑起,江山不难取得,何不勇猛向前?现在我需要我缺少的只是你的帮助与根据于真爱的合作。眉眉！大好的机会为你我开着，再不可错过了。时候已不早（二时半），明日七时半即须起身。我写得手也成冰，脚也成冰。一颗心无非为你，聪明可爱的眉眉，你能不为我想想吗？

北大经过适之再三去说，已领得三百元。昨交兴业汇沪收账。女大无望，须到下月十日左右再能领钱，我又豁边了，怎好？南京日内或有钱，如到，来函提及。

祝你安好，孩子！上沉想已到，一百元当已交到。陈图南不日去申，要甚东西，来函告知。

你的摩摩 三月十九日星四

一九三一年四月一日自北平

贤妻如吻：

多谢你的工楷信，看过颇感爽气。小曼奋起，谁不低头。但愿今后天佑你，体健日增。先从绘画中发见自己本真，不朽事业，端在人为。你真能提起勇气，不懈怠，不间断的做去，不患不成名。但此时只顾培养功力，切不可容丝毫骄矜。以你聪明，正应取法上上，俾能于线条彩色间见真性情，非得人不知而不愠，未是君子。展览云云，非多年苦工以后谈不到。小曼聪明有余，毅力不足，此虽一般批评，但亦有实情。此后各须做到一字，拙夫不才，期相共勉。画快寄来，先睹为幸，此祝进步！

摩 四月一日

致陆小曼

一九三一年五月十四日自北平

眉眉我爱：

你又犯老毛病了，不写信。现在北京上海间有飞机信，当天可到。我离家已一星期，你如何一字未来，你难道不知道我出门人无时不惦着家念着你吗？我这几日苦极了，忙是一件事，身体又不大好。一路来受了凉，就此咳嗽，出痰甚多。前两晚简直呛得不停，不能睡；胡家一家子都让我咳醒了。我吃很多梨，胡太太又做金银花，贝母等药给我吃，昨晚稍好些。今日天雨，忽然变凉。我出门时是大太阳，北大下课到奚若家中饭时，冻得直抖。恐怕今晚又不得安宁。我那封英文信好像寄航空的，到了没有？那一晚我有些发疯，所以写信也有些疯头疯脑的，你可不许把信随手丢。我想到你那乱，我就没有勇气写好信给你。前三年我去欧美印度时，那九十多封信都到那里去了？那是我周游的惟一成绩，如今亦散失无存，你总得改良改良脾气才好，我的太太，否则将来竟许连老爷都会被你放丢了的。你难道我走了一点也不想我？现在弄到我和你在一起倒是例外，你一天就是吃，从起身到上床，到合眼，就是吃。也许你想芒果或是想外国白果倒要比想老爷更亲热更急。老爷是一只牛，他的惟一用处是做工赚钱，——也有些可怜：牛这两星期不但要上课还得补课，夜晚又不得睡，心里也不舒泰。天时再一坏，竟是一肚子的灰了！太太，你忍心字儿都不肯寄一个来？大概你们到杭州去了，恕我不能奉陪，希望天时好，但终得早起一些才赶得上阳光。北京花市极阑珊，明后天许陪歆海他们去明陵长城。但也许不去。娘身体可好？甚念！这回要等你来信再写了。

照片一包，已找到，在小箱中。

摩　星四

一九三一年六月十四日自北平

我至爱的老婆：

　　先说几件事，再报告来平后行踪等情。第一，文伯怎么样了？我盼着你来信，他三弟想已见过，病情究有甚关系否？药店里有一种叫因陈，可煮当水喝，甚利于黄病。仲安确行，医治不少黄病。他现在北平，伺候副帅。他回沪定为他调理如何？只是他是无家之人，吃中药极不便，梦绿家或我家能否代煎？盼即来信。

　　第二是钱的问题，我是焦急得睡不着。现在第一盼望节前发薪，但即节前有，寄到上海，定在节后，而二百六十元期转眼即到，家用开出支票，连两个月房钱亦在三百元以上，节还不算。我不知如何弥补得来？借钱又无处开口。我这里也有些书钱，车钱，赏钱，少不了一百元，真的踌躇极了。本想有外快来帮助，不幸目前无一事成功，一切飘在云中，如何是好？钱是真可恶，来时不易，去时太易。我自阳历三月起，自用不算，路费等等不算，单就付银行及你的家用，已有二千零五十元。节上如再寄四百五十元，正合二千五百元，而到六月底还只有四个月，如连公债果能抵得四百元，那就有三千元光景，按五百元一月，应该尽有富余，但内中不幸又夹有债项。你上节的三百元，我这节的二百六十元，就去了五百六十元，结果拮据得手足维艰。此后又已与老家说绝，缓急无可通融。我想想，我们夫妻俩真是醒起才是！若再因循，真不是道理。再说我原许你家用及特用每月以五

致陆小曼

百元为度,我本意教书而外,另有翻译方面二百可得,两样合起,平均相近六百,总还易于维持。不想此半年各事颠倒,母亲去世,我奔波往返,如同风里篷帆。身不定,心亦不定,莎士比亚更如何译得?结果仅有学校方面五百多,而第一个月又被扣了一半。眉眉亲爱的,你想我在这情形下,张罗得苦不苦?同时你那里又似乎连五百都还不够用似的,那叫我怎么办?我想好好和你商量,想一长久办法,省得拔脚窝脚,老是不得干净。家用方面,一是(屋子),二是(车子),三是(厨房):这三样都可以节省,照我想一切家用此后非节到每月四百,总是为难。眉眉,你如能真心帮助我,应得替我想法子,我反正如果有余钱,也决不自存。我靠薪水度日,当然梦想不到积钱,惟一希冀即是少债,债是一件 degrading and humiliating thing。眉,你得知道有时竟连最好朋友都会因此伤到感情的,我怕极了的。

写至此,上沅夫妇来打了岔,一岔真岔到下午六时。时间真是不够支配。你我是天成的一对,都是不懂得经济,尤其是时间经济。关于家务的节省,你得好好想一想,总得根本解决车屋厨房才是。我是星四午前到的,午后出门。第一看奚若,第二看丽琳叔华。叔华长胖了好些,说是个有孩子的母亲,可以相信了。孩子更胖,也好玩,不怕我,我抱她半天。我近来也颇爱孩子。有伶俐相的,我真爱。我们自家不知到那天有那福气,做爸妈抱孩子的福气,听其自然是不成的,我们都得想法,我不知你肯不肯。我想你如果肯为孩子牺牲一些,努力戒了烟,省得下来的是大烟里。那怕孩子长成到某种程度,你再吃。你想我们要有,也真是时候了。现在阿欢已完全与我不相干的了。至少我们女儿也得有一个不是?这你也得想想。

星四下午又见杨今甫,听了不少关于俞珊的话。好一位小姐,差些一个大学都被她闹散了。梁实秋也有不少丑态,想起来还算咱们露脸,至少不曾闹什么话柄。夫人!你的大度是最可佩服的。北京最大的是清华问题,闹得人人都头昏。奚若今天走,做代表到南京,他许去上海来看你,你得约洄美请他玩玩。他太太也闹着要离家独立谋生去,你可以问问他。

  星五午刻,我和罗隆基同出城。先在燕京,叔华亦在,从文亦在,我们同去香山看徽因。她还是不见好,新近又发了十天烧,人颇疲乏。孩子倒极俊,可爱得很,眼珠是林家的,脸盘是梁家的。昨在女大,中午叔华请吃鲥鱼蜜酒,饭后谈了不少话,吃茶。有不少客来,有 Rose,熊光着脚不穿袜子,海也不回来了,流浪在南方已有十个月,也不知怎么回事。她亦似乎满不在意,真怪。昨晚与李大头在公园,又去市场看王泊生戏,唱《逍遥津》,大气磅礴,只是有气少韵。座不甚佳,亦因配角太乏之故。今晚唱《探母》,公主为一民国大学生,唱还对付,貌不佳。他想搭筱翠花,如成,倒有希望叫座。此见下海亦不易。说起你们唱戏,现在我亦无所谓了。你高兴,只有俦伴合式,你想唱无妨,但得顾住身体。此地也有捧雪艳琴的。有人要请你做文章。昨天我不好受,头腹都不适。冰淇淋吃太多了。今天上午余家来,午刻在莎菲家,有叔华,冰心,今甫,性仁等,今晚上沅请客,应酬真烦人,但又不能不去。

  说你的画,叔华说原卷太差,说你该看看好些的作品。老金,丽琳张大了眼,他们说孩子是真聪明,这样聪明是糟了可惜。他们总以为在上海是极糟,已往确是糟,你得争气,打出一条路来,一鸣惊人才是。老邓看了颇夸,他拿付裱,裱好他先给题,杏佛也答应题,你非得加倍用功小心,光娘的信到了,照办就是。请知照一声,虞裳一二五元送来否?也问一声告我。我要走了,你得勤写信。乖!

你的摩 十四日

致陆小曼

一九三一年六月二十五日自北平

眉眉至爱：

第三函今晨送到。前信来后，颇愁你身体不好，怕又为唱戏累坏。本想去电阻止你的，但日子已过。今见信，知道你居然硬撑了过去，可喜之至！好不好是不成问题，不出别的花样已是万幸。这回你知道了吧？每天贪吃杨梅荔枝，竟连嗓子都给吃扁了。一向擅场的戏也唱得不是味儿了。以后还听不听话？凡事总得有个节制，不可太任性。你年近三十，究已不是孩子。此后更当谨细为是！目前你说你立志要学好一门画，再见从前朋友：这是你的傲气地方，我也懂得，而且同情。只是既然你专心而且诚意学画，那就非得取法乎上，第一得眼界高而宽。上海地方气魄终究有限。瑞午老兄家的珍品恐怕靠不住的居多。我说了，他也许有气。这回带来的画，我也不曾打开看。此地叔存他们看见，都打哈哈！笑得我脸红。尤其他那别出心裁的装潢，更教他们摇头。你临的那幅画也不见得高明。不过此次自然是我说明是为骗外国人的。也是我太托大，事实上，北京几个外国朋友看中国东西就够刁的。画当然全部带回。娘的东西如要全部收回，亦可请来信提及，当照办！他们看来，就只一个玉瓶，一两件瓷还可以，别的都无多希望。少麻烦也好，我是不敢再瞎起劲的了！

再说到你学画，你实在应得到北京来才是正理。一个故宫就够你长年揣摹。眼界不高，腕下是不能有神的。凭你的聪明，决不是临摹就算完毕事。就说在上海，你也得想法去多看佳晶。手固然要勤，脑子也得常转动，才能有趣味发生。说回来，你恋土重迁是真的。不过你一定要坚持的话，我当然也只能顺从你；但我既然决在北大做教授,上海现时的排场我实在担负不起。夏间一定得想法布置。你也得原谅我。我一人在此,亦未尝不无聊,只是无从诉说。人家都是团圆了。叔华已得了通伯,徽因亦有了思成,别的人更不必说常年常日不分离的。就是你我,一南一北。你说是我甘愿离南,我只说是你不肯随我北来。结果大家都不得痛快。但要彼此迁就的话,我已在上海迁就了这多年,再下去实在太危险,所以不得不猛省。我是无法勉强你的;我要你来,你不肯来,我有什么法想?明知勉强的事是不彻底的;所以看情形,恐怕只能各是其是。只是你不来,我全部收入,管上海家尚虑不足,自己一人在此,决无希望独立门户。胡家虽然待我极好,我不能不感到寄人篱下,我真也不知怎样想才好!

　　我月内决不能动身。说实话,来回票都卖了垫用。这一时借钱度日。我在托歆海替我设法飞回。不是我乐意冒险,实在是为省钱。况且欧亚航空是极稳定的,你不必过虑。

　　说到衣服,真奇怪了。箱子是我随身带的。娘亲手理得满满的,到北京才打开。大褂只有两件:一件新的白羽纱;一件旧的厚蓝哔叽。人和那件方格和拆夹做单的那件条子都不在箱内,不在上海家里在那里?准是荷贞糊涂,又不知乱塞到那里去了!

　　如果牯岭已有房子,那我们准定去。你那里着手准备,我一回上海就去。只是钱又怎么办?说起你那公债到底押得多少?何以始终不提?

　　你要东西,吃的用的,都得一一告知我,否则我怕我是笨得于此道一无主意!

　　你的画已裱好,很神气的一大卷。方才在公园里,王梦白,杨仲子诸法家见我挟着卷子,问是什么精品。我先请老乡题,此外你要谁题,可点品,适之要否?

　　我这人大约一生就为朋友忙!来此两星期,说也惭愧,除了考试改卷算是天大正事，此外都是朋友，永远是朋友。杨振声忙了我不少时间，叔华从文又忙了我不少时间，通伯思成又是，蔡先生，钱昌照（次长）来，又得忙配享。还有洋鬼子！说起我此来，舞不曾跳，窑子倒去过一次，是老邓硬拉去的。再不去了，你放心！

杏子好吃，昨天自己爬树，采了吃，树头鲜，才叫美！

你务必早些睡！我回来时再不想熬天亮！我今晚特别想你，孩子，你得保重才是。

你的亲摩　六月二十五日

一九三一年十月一日自北平

宝贝：

一转眼又是三天。西林今日到沪，他说一到即去我家。水果恐已不成模样，但也是一点意思。文伯去时，你有石榴吃了。他在想带些什么别致东西给你。你如想什么，快来信，尚来得及。你说要给适之写信，他今日已南下，日内可到沪。他说一定去看你。你得客气些，老朋友总是老朋友，感情总是值得保存的。你说对不？少蝶处五百两，再不可少，否则更僵。原来他信上也说两，好在他不在这"两""元"的区别，而于我们却有分寸：可老实对他说，但我盼望这信到时，他已为我付银行。请你写个条子叫老何持去兴业（静安寺路）银行，问锡璜，问他我们账上欠多少？你再告诉我，已开出节账，到那天为止，共多少？连同本月的房钱一共若干？还有少蝶那笔钱也得算上。如此连家用到十月底尚须清多少，我得有个数。账再来设法弥补。你知道我一连三月，共须扣去三百元。大雨那里共三百元，现在也是无期搁浅。真是不了。你爱我,在这窘迫时能替我省,我真感谢。我但求立得直,以后即要借钱也没有路了,千万小心。我这几天上课应酬忙。我来说给你听:星一晚上有四个饭局之多。南城北城东城都有,奔煞人。星二徽因山上下来,同吃中饭,她已经胖到九十八磅。你说要不要静养,我说你也得到山上去静养,才能真的走上健康的路。上海是没办法的。我看样子,徽因又快有宝宝了。

星二晚,适之家钱西林行,我冻病了。昨天又是一早上课。饭后王叔鲁约去看房子,在什方院。我和慰慈同去。房子倒是全地板,又有澡间;但院子太小,恐不适宜,我们想不要。并且你若一时不来,我这里另开门户,更增费用,也不是道理。关了房子,去协和,看奚若。他的脚病又发作了,不能动,又得住院两星期,可怜!晚上,××等在春华楼为适之饯行。请了三四个姑娘来,饭后被拉到胡同。对不住,好太太!我本想不去,但××说有他不妨事。××病后性欲大强,他在老相好鹩鹩外又和一个红弟老七生了关系。昨晚见了,肉感颇富。她和老三是一个班子,两雌争××,醋气勃勃,甚为好看。今天又是一早上课,下午睡了一晌。五点送适之走。与杨亮功,慰慈去正阳楼吃蟹,吃烤羊肉。八时又去德国府吃饭,不想洋鬼子也会逛胡同,他们都说中国姑娘好。乖,你放心!我决不拈花惹草。女人我也见得多,谁也没有我的爱妻好。这叫作曾经沧海难为水,除却巫山不是云。我每天每夜都想你。一晚我做梦,飞机回家,一直飞进你的房,一直飞上你的床,小鸟儿就进了窠也,美极!可惜是梦。想想我们少年夫妻分离两地,实在是不对。但上海决不是我们住的地方。我始终希望你能搬来共享些闲福。北京真是太美了,你何必沾恋上海呢?大雨的事弄得极糟。他到后,师大无薪可发,他就发脾气,不上课,退还聘书。他可不知道这并非亏待他一

致陆小曼

人，除了北大基金教授每月领薪，此外人人都得耐心等。今天我劝了他半天，他才答应去上一星期的课；因为他如其完全不上课，那他最初领的一二百元都得还，那不是更糟。他现住欧美同学会，你来个信劝劝他，好不好？中国那比得外国，万事都得将就一些。你说是不是？奚若太太一件衣料，你得补来，托适之带，不要忘了。她在盼望。再有上月水电，我确是开了。老何上来，从笔筒下拿去了；我走的那天或是上一天，怎说没有？老太爷有回信没有？我明天去燕京看君劢。我要睡了。乖乖！

我亲吻你的香肌。

你的"愚夫"摩摩　十月一日

一九三一年十月二十九日自北平

至爱妻眉：

今天是九月十九日，你二十八年前出世的日子，我不在家中，不能与你对饮一杯蜜酒，为你庆祝安康。这几日秋风凄冷，秋月光明，更使游子思念家庭。又因为归思已动，更觉百无聊赖，独自惆怅。遥想闺中，当亦同此情景。今天洵美等来否？也许他们不知道，还是每天似的，只有瑞午一人陪着你吞吐烟霞。

眉爱，你知我是怎样的想念你！你信上什么"恐怕成病"的话，说得闪烁，使我不安。终究你这一月来身体有否见佳？如果我在家你不得休养，我出外你仍不得休养，那不是难了吗？前天和奚若谈起生活，为之相对生愁。但他与我同意，现在只有再试试，你同我来北平住一时，看是如何。你的身体当然宜北不宜南！

爱，你何以如此固执，忍心和我分离两地？上半年来去频频,又遭大故,倒还不觉得如何。这次可不同,如果我现在不回,到年假尚有两个多月。虽然光阴易逝,但我们恩爱夫妻,是否有此分离之必要?眉,你到那天才肯听从我的主张?我一人在此,处处觉得不合式你又不肯来,我又为责任所羁,这真是难死人也!

百里那里,我未回信,因为等少蝶来信,再作计较。竞武如果虚张声势,结果反使我们原有交易不得着落,他们两造,都无所谓;我这千载难逢的一次外快又遭打击,这我可不能甘休!竞武现在何处,你得把这情形老实告诉他才是。

你送兴业五百元是那一天?请即告我。因为我二十以前共送六百元付账,银行二十三来信,尚欠四百元,连本月房租共欠五百有余。如果你那五百元是在二十三以后,那便还好,否则我又该着急得不了了!请速告我。

车怎样了?绝对不能再养的了!

大雨家贝当路那块地立即要出卖,他要我们给他想法。他想要五万两,此事瑞午有去路否?请立即回信,如瑞午无甚把握,我即另函别人设法。事成我要二厘五的一半。如有人要,最高出价多少,立即来信,卖否由大雨决定。

明天我叫图南汇给你二百元家用(十一月份),但千万不可到手就宽,我们的穷运还没有到底;自己再不小心,更不堪设想。我如有不花钱飞机坐,立即回去,不管生意成否。

我真是想你,想极了。

摩吻 十月二十九日

日　记
Ri Ji

西湖记

1918年9月7日——10月28日

杭州——上海——杭州

九月七日

方才来了一位丫姑太太，手里抱着一个岁半的女孩，身边跟着一个五六岁的男孩。男的是她亲生的，女的是育婴堂里抱来的；他们是一对小夫妻！小媳妇在她婆婆的胸前吃奶，手舞足蹈的很快活。

明天祖母回神。良房里的病人立刻就要倒下来似的。积年的肺痨，外加风症，外加一家老小的一团乌糟——简直是一家毒菌的工厂，和他们同住的真是危险。若然在今晚明朝倒了下来，免不得在大厅上收殓，夹着我家的二通，那才是糟！她一去，他们一房剩下的是一个黑籍的老子，一窍不通的，一群瘦骨如柴肺病种的小孩！

为一个讣闻上的继字，听说镇上一群人在沸沸的议论，说若然不加继字，直是蔑视孙太夫人。他们的口舌原来姑丈只比作他家里海棠树上的雀噪，一般的无意识，一般的招人烦厌。我们出信去请教名家以后，适之已有回信，他说古礼原配与继室，原没有分别，继妣的俗例，一定是后人歧视后母所定的；据他所知，古书上绝无根据。

九月二十九日

　　这一时骤然的生活改变了态度，虽则不能说是从忧愁变到快乐，至少却也是从沈闷转成活泼。最初是父亲自己也闷慌了，有一天居然把那只游船收拾个干净，找了叔薇兄弟等一群人，一直开到东北背后，过榆桥转到横头景转桥，末了还看了电灯厂方才回家。那天很愉快！塔影河的两岸居然被我寻出了一两片经霜的枫叶。我从水面上捞到了两片，不曾红透的，但是色糯净得可爱。寻红叶是一件韵事，（早几天我同绎义阿六带了水果月饼玫瑰酒到东山背后去寻红叶，站在俞家桥上张皇的回望，非但一些红的颜色都找不到，连枫树都不易寻得出来。失望得很。后来翻山上去，到宝塔边去痛快的吐纳了一番。那时已经暝色渐深，西方只剩有几条青白色，月亮已经起升，我们慢慢的绕着塔院的外面下去，歇在阁松亭里喝酒，三兄弟喝完了一瓶烧酒，方才回家。山脚下又布施了上月月下结识的丐友，他还问起我们答应他的冬衣哪！）菱塘里去买菱吃，又是一件趣事。那钵盂峰的下面，都是菱塘，我们船过时，见鲜翠的菱塘里，有人坐在圆圆的菱桶在采摘。我们就嚷着买菱。买了一桌子的菱，青的红的，满满的一桌子。"树头鲜"真是好吃，怪不得人家这么说。我选了几只嫩青，带回家给妈吃，她也说好。

　　这是我们第一次称心的活动。

　　八月十五那天，原来约定到适之那里去赏月的，后来因为去

西湖记

得太晚了，又同着绎义，所以不曾到烟霞去。那晚的湖上也玩得很畅，虽则月儿只是若隐若现的。我们在路上的时候，满天堆紧了乌云。密层层的，不见中秋的些微消息。我那时很动了感兴——我想起了去年印度洋上的中秋！一年的差别！我心酸得比哭更难过。一天的乌云，是的，什么光明的消息都莫有！

我们在清华开了房间以后，立即坐到楼外去，吃得很饱，喝得很畅。桂花栗子已经过时，香味与糯性都没有了。到九点模样，她到底从云阵里奋战了出来。满身挂着胜利的霞彩，我在楼窗上靠出去望见湖光渐渐的由黑转青，青中透白，东南角上已经开朗，喜得我大叫起来。我的欢喜不仅为是月出；最使我痛快的，是在于这失望中的满意。满天的乌云，我原来已经抵拼拿雨来换月，拿抑塞来换光明，我抵喝他一个醉，回头到梦里去记中秋，寻团圆——梦里是什么都有的。

我们站在白堤上看月望湖，月有三大圈的彩晕，大概这就算是月华的了。

月出来不到一点钟又被乌云吞没了，但我却盼望，她还有扫荡廓清的能力，盼望她能在一半个时辰内，把掩盖住青天的妖魔，一齐赶到天的那边去，盼望她能尽量的开放她的清辉，给我们爱月的一个尽量的陶醉——那时我便在三个印月潭和一座雷峰塔的媚影中做一个小鬼，做一个永远不上岸的小鬼，都情愿，都愿意。

"贼相"不在家，末了抓到了蛮子仲坚，高兴中买了许多好吃的东西——有广东夹沙月饼——雇了船，一直望湖心里进发。

三潭印月上岸买栗子吃，买莲子吃；坐在九曲桥上谈天，讲起湖上的对联，骂了康圣人一顿。后来走过去的桥上发见有三个人坐着谈话，几上放有茶碗。我正想对仲坚说他们倒有意思，那位老翁涩重的语音听来很熟，定睛看时，原来他就是康大圣人！

下一天我们起身已不早，绎义同意到烟霞洞去，路上我们逛了雷峰塔，我从不曾去过，这塔的形与色与地位，真有说不出的神秘的庄严与美。塔里四大根砖柱已被拆成倒置圆锥体形，看看危险极了。轿夫说："白状元的坟就在塔前的湖边，左首草丛里也有一个石坟，前面一个石碣，说是白娘娘的坟。"我想过去，不料满径都是荆棘，过不去。雷峰塔的下面，有七八个鹄形鸠面的丐僧，见了我们一齐张起他们的破袈裟，念佛要钱。这倒颇有诗意。

我们要上桥时，有个人手里握着一条一丈余长的蛇，叫着放生，说是小青蛇。我忽然动心，出了两角钱，看他把那蛇扔在下面的荷花池里，我就怕等不到夜她又落在他的手里了。

进石屋洞初闻桂子香——这香味好几年不闻到了。

到烟霞洞时上门不见土地，适之和高梦旦他们一早游花坞去了。我们只喝了一碗茶，检了几张大红叶——疑是香樟——就急急的下山。香蕉月饼代饭。

到龙井，看了看泉水就走。

前天在车里想起雷峰塔做了一首诗用杭白。

  那首是白娘娘的古墓。
  （划船的手指着蔓草深处）
  客人，你知道西湖上的佳话，
  白娘娘是个多情的妖魔。
  她为了多情，反而受苦——
  爱了个没出息的许仙，她的情夫；
  他听信一个和尚，一时的糊涂，
  拿一个钵盂，把他妻子的原形罩住。
  到今朝已有千把年的光景，

西湖记

可怜她被镇压在雷峰塔底——
这座残败的古塔，凄凉的，
庄严的，永远在南屏的晚钟声里！

十月一日

前天乘看潮专车到余桥，同行者有永叔，莎菲，经农，莎菲的先生 Ellery，叔永介绍了汪精卫。一九一八年在南京船里曾经见过他一面，他真是个美男子，可爱！适之说他若是女人一定死心塌地的爱他，他是男子……他也爱他！

精卫的眼睛，圆活而有异光，仿佛有些青色，灵敏而有侠气。马君武也加入我们的团体。到斜桥时适之等已在船上，他和他的表妹及陶知行，一共十人，分两船。中途集在一只船里吃饭，十个人挤在小舱里，满满的臂膀都掉不过来。饭菜是大白肉，粉皮包头鱼，豆腐小白菜，芋艿，大家吃得很快活。精卫闻了黄米香，乐极了。我替曹女士蒸了一个大芋头，大家都笑了。精卫酒量极好，他一个人喝了大半瓶白玫瑰。我们讲了一路的诗，精卫是做旧诗的，但他却不偏执，他说他很知道新诗的好处，但他自己因为不曾感悟到新诗应有的新音节，所以不曾尝试。我同适之约替陆志韦的"渡河"做一篇书评。

我原定请他们看夜潮，看守即开船到硖石，一早吃锦霞馆的羊肉面。再到俞桥去看了枫叶。再乘早车动身各分南北。后来叔永夫妇执意要回去，结果一半落北，一半上南，我被他们拉到杭州怯了。

过临平与曹女士看暝色的山形，黑鳞云里隐现的初星，西天边火饰似的红霞。

楼外楼吃蟹,精卫大外行!

湖心亭畔荡舟看月。

三潭印月闻桂花香。

十月四日

昨天与君劢菊农等去常州,乘便游了天宁寺。大殿上有一二百个和尚在礼忏,钟声,磬声,鼓声,佛号声,合成一种宁静的和谐,使我感到异样的意境。走进大殿去,只闻着极浓馥的檀香,青色的氤氲,一直上腾到三世佛的面前,又是一种庄严而和蔼,静定的境界。

十月五日

方才从君劢处吃蟹回来,路上买得两本有趣的旧书,一是 Mark Twain 的 is ShakespearDead,一是 Sidney Lanier 的 music and poetry 虽旧,却都是初版,不易得到的。

早上同裕卿到吴松去吊君革,听了他出现的奇迹,今天我对人便讲,也已写信去告诉爸妈。这实在是太离奇了,难道最下等的迷信会有根据的吗?纸衣,纸锭,经忏,寿限……这话真是太渺茫了。我已经约定君革的母亲,他的阴灵回家时,我要去会他。君劢亦愿意去看个究竟。

今天与振飞在一枝香吃饭,谈法国文学颇畅,振飞真是个"风雅的生意人"。

西湖记

十月九日

前天在常州车站上渡桥时，西天正染着我最爱的嫩青与嫩黄的和色，一颗铄亮的初星从一块云斑里爬了出来，我失声大叫好景。菊农说："寡人好色！"好色是真的。最初还带几分勉强，现在看得更锐敏，欣赏更自然了。今夜我为眼怕光，拿一张红油光纸来把电灯包了，光线恬静得多。在这微红的灯光里，烟卷烧着的一头，吸时的闪光，发出一痕极艳的青光，像磷。

十月十一日

方才从美丽川回来，今夜叔永夫妇请客，有适之，经农，擘黄，云五，梦旦，君武，振飞；精卫不曾来，君劢闯席。君劢初见莎菲，大倾倒，顷与散步时热忱犹溢，尊为有"内心生活"者，适之不禁狂笑。君武大怪精卫从政，忧其必毁。

午间东荪借君劢处请客，有适之菊农筑山等。与菊农偃卧草地上朗诵斐德的《诗论》，与哈代的诗。

午后为适之拉去沧州别墅闲谈，看他的烟霞杂诗，问尚有匿而不宣者否，适之赧然曰有，然未敢宣，以有所顾忌。《努力》已决停版，拟改组，大体略似规复《新青年》，因仲甫又复拉拢，老同志散而复聚亦佳。适之这问我"冒险"事，云得自可恃来源，大约梦也。

秋白亦来，彼病肺已证实，而且夕劳作不能休，可悯。适之翻沫若新作小诗，陈义体格词采皆见竭蹶，岂"女神"之逐永逝？

　　与适之经农，步行去民厚里一二一号访沫若，久觅始得其居。沫若自应门，手抱襁褓儿，跣足，敝服（旧学生服），状殊憔悴，然广额宽颐，怡和可识。入门有客在，中有田汉，亦抱小儿，转顾间已出门引去，仅记其面狭长。沫若居至隘，陈设亦杂，小孩羼杂其间，倾跌须父抚慰，涕泗须交揩拭，皆不能说华语；厨下木屐声卓卓可闻，大约即其日妇。坐定寒暄已，仿吾亦下楼，殊不话谈，适之虽勉寻话端发济枯窘，而主客间似有冰结，移时不涣，沫若时含笑睇视，不识何意。经农竟噤不吐一字，实亦无从端启。五时半辞出，适之亦甚讶此会之窘，云上次有达夫时，其居亦稍整洁，谈话亦较融洽。然以四手而维持一日刊，一月刊，一季刊，其情况必不甚愉适。且其生计亦不裕，或竟窘，无怪其以狂叛自居。

十月十二日

　　方才沫若领了他的大儿子来看我，今天谈得自然得多了。他说要写信给西滢，为他评茵梦湖的事。怪极了，他说有人疑心西滢就是徐志摩，说笔调像极了。这倒真有趣。难道我们英国留学生的腔调的确有与人各别的地方，否则何以有许多人把我们俩混作一个？他开年要到四川赤十字医院去，他也厌恶上海。他送了我一册卷耳集，是他诗经的新译；意思是很好，他序里有自负的话："……不怕就是孔子复生，他定也要说出'启予者沫若也'的一句话。"我还只翻看了几首。

　　沫若入室时，我正在想做诗，他去后方续成。用诗的最后的语句作题——"灰色的人生"。问樵倒读了好几篇，似乎很有兴会似的。

同谭裕靠在楼窗上看街。他列说对街几家店铺的隐幕,颇使我感触。卑污的,罪恶的人道,难道便不是人道了吗?

十月十三日

昨写此后即去适之处长谈,自六时至十二时不少休。归过慕尔鸣路时又为君劢菊农等,正洗澡归,截劫,拥入室内,勒不令归,因在沙发上胡睡一宵,头足岖,甚苦,又有巨蚊相扰,故得寐甚微。

与适之谈,无所不至,谈书谈诗谈友情谈爱谈恋谈人生谈此谈彼:不觉夜之渐短。适之是转老回童的了,可喜!

凡适之诗前有序后有跋者,皆可疑,皆将来本传索隐资料。

十月十五日　回国周年纪念

今天是我回国的周年纪念。恰好冠来了信,一封六页的长信,多么难得的。可珍的点缀啊!去年的十月十五日,天将晚时,我在三岛丸船上拿着远镜望碇泊处的接客者,渐次的望着了这个亲,那个友,与我最爱的父亲,五年别后,似乎苍老了不少,那时我在狂跳的心尖头,突然进起一股不辨是悲是喜的寒流,腮边便觉着两行急流的热泪。后来回三泰栈,我可怜的娘,生生隔绝了五年,也只有两行热泪迎接她惟一的不孝的娇儿。但久别初会的悲感,毕竟是暂时的,久离重聚的欢怀,毕竟是实现了。那时老祖母的不减的清健,给我不少的安慰,虽则母亲也着实见老。

今午的十月五日——今天呢？老祖母已经做了天上的仙神，再不能亲见她钟爱孙儿生命里命定非命定的一切——今天已是她离人间的第四十九日！这是个不可补偿的缺陷，长驻的悲伤。我最爱的母亲，一生只是痛苦与烦劳与不怿，往时还盼望我学成后补她的慰藉，如今却只是病更深，烦更剧，愁思益结，我既不能消解她的愁源，又不能长侍她的左右，多少给她些温慰。父亲也是一样的失望，我不能代替他一分一息的烦劳，却反增添了他无数的白发。我是天壤间怎样的一个负罪，内疚的人啊！

一年，三百六十有五日，容易的过去了，我的原来的活泼的性情与容貌，自此亦永受了"年纪"的印痕——又是个不可补的缺陷，一个长驻的悲伤！

我最敬最爱的友人呀，我只能独自的思索，独自的想象，独自的抚摩时间遗下的印痕，独自的感觉内心的隐痛，独自的呼嗟，独自的流泪……方才我读了你的来信，江潮般的感触，横塞了我的胸臆，我竟忍不住啜泣了。我只是个乞儿，轻拍着人道与同情紧闭着的大门，妄想门内人或许有一念的慈悲，赐给一方便——但我在门外站久了，门内不闻声响。门外劲刻的凉风，却反向着我褴褛的躯骸狂扑——我好冷呀，大门内慈悲的人们呀！

前日沫若请在美丽川，楼石庵适自南京来，故亦列席。饮者皆醉，适之说诚恳话。沫若处抱而吻之——卒飞拳投罾而散——骂美丽川也。

今晚与适之回请，有田汉夫妇与叔永夫妇，及振飞，大谈神话。出门时见腋处——振飞言其姊妹为"上海社会之花"。

十月十六日

　　昨放夜散席后，又与适之去亚东书局，小坐，有人上楼，穿腊黄西服，条子绒线背心，行路甚捷，帽沿下卷——颇似捕房"三等侦探"，适之起立为介绍，则仲甫也。彼坐我对面，我睇视其貌，发甚高，几在顶中，前额似斜坡，尤异者则其鼻梁之峻直，岐如眉，线画分明，若近代表现派仿非洲艺术所雕铜像，异相也。

　　与适之约各翻曼殊斐儿作品若干篇，并邀西滢合作，由泰东书局出版。适之冀可售五千。

　　读 E. Dowden 勃朗宁传，我最爱其夫妇恋史之高洁，白莱德长罗勃德六岁，其通信中有至骇至复至蠢至有味：——"I never thought of being happy through you or by you or in you, even your good was all my idea of good and is."

　　"Let me be too near to be seen⋯once I used to be uneasy, and to think that I ought to make you see me. But love is better than sight."

　　"I Love your love too much. And that is the worst fault. My beloved, I can ever find in my love of you."

　　谈明宣——她是抚堂先生的小女儿，今年九岁，颇明慧可爱；我抱置膝上，诵诗娱之。

十月十七日

　　振铎顷来访，蜜月实仅三朝，又须如陆志韦所谓"仆仆从公"矣。

幼仪来信,言归国后拟办幼稚院,先从硖石入手。

日间不曾出门,五时吃三小蟹,饭后与树屏等闲谈,心至不怿。

忽念阿云,独彼明眸可解我忧,因即去天吉里,渭孙在家,不见阿云,讶问则已随田伯伯去绍兴矣。

我爱阿云甚,我今独爱小友,今实实二三四爷恐均忘我矣!

十月二十一日

昨下午自硖到此,与适之经农同寓新新,此来为"做工",此来为"寻快活"。

昨在火车中,看了一个小坛做的"龙女"的故事,颇激动我的想象。

经农方才又说,日子过得太快了,我说日子只是过得太慢,比如看书一样,乏味的叶子,尽可以随便翻他过去——但是到什么时候才翻得到不乏味的叶子呢?

我们第一天游湖,逛了湖心亭——湖心亭看晚霞看湖光是湖上少人注意的一个精品——看初华的芦荻,楼外楼吃蟹,曹女士贪看柳梢头的月,我们把桌子移到窗口,这才是持螯看月了!夕阳里的湖心亭,妙;月光下的湖心亭,更妙。晚霞里的芦雪是金色;月下的芦雪是银色。莫泊桑有一段故事,叫作 In the Moonlight,白天适之翻给我看,描写月光激动人的柔情的魔力,那个可怜的牧师,永远想不通这个矛盾:"既然上帝造黑夜来让我们安眠,这样绝美的月色,比白天更美得多,又是什么命意呢?"便是严肃的,最古板的宝贝,只要他不曾死透僵透,恐怕也禁不起

西湖记

"秋月的银指光儿,浪漫的搔爬"!曹女士唱了一个"秋香"歌,婉曼得很。

三潭印月——我不爱什么九曲,也不爱什么三潭,我爱在月光下看雷峰静极了的影子—我见了那个,便不要性命。

阮公墩也是个精品,夏秋间竟是个绿透了的绿洲,晚上雾霭苍茫里,背后的群山,只剩了轮廓!它与湖心亭一对乳头形的浓青——墨青,远望去也分不清是高树与低枝,也分不清是榆荫是柳荫,只是两团媚极了的青屿——谁说这上面不是神仙之居?

我形容北京冬令的西山,寻出一个"钝"字,我形容中秋的西湖,舍不了一个"嫩"字。

昨夜二更时分与适之远眺着静偃的湖与堤与印在波光里的堤影,清绝秀绝媚绝,真是理想的美人,随她怎样的姿态妙,也比拟不得的绝色。我们便想出去拿舟玩月,拿一只轻如秋叶的小舟,悄悄的滑上了夜湖的柔胸。拿一支轻如芦梗的小桨,幽幽的拍着她光润,蜜糯的芳容,挑破她雾縠似的梦壳,扁着身子偷偷的挨了进去,也好分赏她贪饮月光醉了的妙趣!

但昨夜却为泰戈尔的事缠住了,辜负了月色,辜负了湖光,不曾去拿舟,也不曾去偷赏"西子"的梦情;且待今夜月来时吧!

"数大"便是美,碧绿的山坡前几千个绵羊,挨成一片的雪绒,是美;一天的繁星,千万只闪亮的神眼,从无极的蓝空中下窥大地,是美;泰山顶上的云海,巨万的云峰在晨光里静定着,是美;绝海万顷的波浪,戴着各式的帽,在日光里动荡着,起落着,是美;爱尔兰附近的那个"羽毛岛"上栖着几千万的飞禽,夕阳西沈时只见一个"羽化"的大空,只是万乌齐鸣的大声,是美,……数大便是美,数大了,似乎按照着一种自然律,自然的会有一种特殊的排列,一种特殊的节奏,一种特殊的式样,激动我们审美的本能，激发我们审美的情绪。

所以西湖的芦苇，与花坞的竹林，也无非是一种数大的美。但这数大的美，不是智力可以分析的，至少不是我的智力所能分析。看芦花与看黄熟的麦田，或从高处看松林的顶颠，性质是相似的；但因颜色的分别，白与黄与青的分别，我们对景而起的情感，也就各各不同。季候当然也是个影响感兴的原素。芦雪尤其代表气运之转变，一年中最显著最动人深感的转变；象征中秋与三秋间万物由荣入谢的微指：所以芦荻是个天生的诗题。

西溪的芦苇，年来已经渐次的减少，主有芦田的农人，因为芦柴的出息远不如桑叶，所以改种桑树。再过几年，也许西溪的"秋雪"，竟与苏堤的断桥，同成陈迹！

在白天的日光中看芦花，不能见芦花的妙趣；他是同丁香与海棠一样，只肯在月光下泄漏他灵魂的秘密；其次亦当在夕阳晚风中。去年十一我在南京看玄武湖的芦荻，那时柳叶已残，芦花亦飞散过半，但紫金山反射的夕照与城头倏起的凉飚，丛苇惊起了野鸭无数，墨点似的洒满云空，（高下的鸣声相和）与一湖的飞絮，沈醉似的舞着，写出一种凄凉的情调，一种缠绵的意境，我只能称之为"秋之魂"，不可以言语比况的秋之魂！又一次看芦花的经验是在月夜的大明湖，我写给徽那篇《月照与湖》（英文的）就是纪念那难得的机会的。

所以前天西溪的芦田，他本身并不曾怎样的激动我的情感。与其白天看西溪的芦花，不如月夜泛舟到湖心亭去看芦花，近便经济得多。

花坞的竹子，可算一绝，太好了，我竟想不出适当的文字来赞美；不但竹子，那一带的风色都好，中秋后尤妙，一路的黄柳红枫，真叫人应接不暇！

三十一那天晚上我们四个人爬登了葛岭，直上初阳台，转折处颇类香山。

十月二十三日

　　昨天（二十二日）是一个纪念日，我们下午三人出去到壶春楼，在门外路边摆桌喝酒，适之对着西山，夕晖留在波面上的余影，一条直长的金链似的，与山后渐次泯灭的琥珀光；经农坐在中间，自以为两面都看得到，也许他一面也不曾看见；我的坐位正对着东方初升在晚霭里渐渐皎洁的明月，银辉渗着的湖面。仿佛听着了爱人的裾响似的，霎时的呼吸紧迫，心头狂跳。城南电灯厂的煤烟，那时顺着风向，一直吹到北高峰，在宅中仿佛是一条漆黑的巨蟒，荫没了半湖的波光，益发衬托出受月光处的明粹。这时缓缓的从月下过来一条异样的船，大约是砖瓦船，长的，平底的。没有船舱，也没有篷帐，静静的从月光中过来，船头上站着一个不透明的人影，手里拿着一支长竿，左向右向的撑着，在银波上缓缓的过来——幅精妙的"雪罗蔼"，镶嵌在万顷金波里，悄悄的悄悄的移着。上帝不应受赞美吗？我疯癫似的醉了，醉了！

　　饭后我们到湖心亭去，横卧在湖边石版上，论世间不平事，我愤怒极了，呼嗷，咒诅，顿足，都不够发泄。后来独自划船，绕湖心亭一周，听桨破小波声，听风动芦叶声，方才勉强把无明火压了下去。

十月廿八日下午八时

　　完了，西湖这一段游记也完了。经农已经走了，今天一早走的,但像是已经去几百年似的。适之已定后天回上海,我想明天,迟至后天早上走。方才我们三个人在杏花村吃饭吃蟹。我喝了几杯酒,冬笋真好吃。

  一天的繁星,我放平在船上看星。沈沈的宇宙,我们的生命究竟是个什么东西?我又摸住了我的伤痕。星光呀,仁善些,不要张着这样讥刺的眼,倍增我的难受!

爱眉小札

1925年8月9日—31日北京
1925年9月5日—17日上海

八月九日

"幸福还不是不可能的",这是我最近的发现。

今天早上的时刻,过得甜极了。我只要你;有你我就忘却一切,我什么都不想什么都不要了,因为我什么都有了。与你在一起没有第三人时,我最乐。坐着谈也好,走道也好,上街买东西也好。厂甸我何尝没有去过,但那有今天那样的甜法;爱是甘草,这苦的世界有了它就好上口了。眉你真玲珑,你真活泼,你真像一条小龙。

我爱你朴素。不爱你奢华。你穿上一件蓝布袍,你的眉目间就有一种特异的光彩,我看了心里就觉着不可名状的欢喜。朴素是真的高贵。你穿戴齐整的时候当然是好看,但那好看是寻常的,人人都认得的,素服时的眉,有我独到的领略。

"玩人丧德,玩物丧志",这话确有道理。

我恨的是庸凡,平常,琐细,俗;我爱个性的表现。

我的胸膛并不大，决计装不下整个或是甚至部分的宇宙。我的心河也不够深，常常有露底的忧愁。我即使小有才，决计不是天生的，我信是勉强来的；所以每回我写什么多少总是难产，我惟一的靠傍是刹那间的灵通。我不能没有心的平安，眉，只有你能给我心的平安。在你完全的蜜甜的高贵的爱里，你享受无上的心与灵的平安。

凡事开不得头，开了头便有重复，甚至成习惯的倾向。在恋中人也得提防小漏缝儿，小缝儿会变大窟窿，那就糟了。我见过两相爱的人因为小事情误会斗口，结果只有损失，没有利益。我们家乡俗谚有："一天相骂十八头。夜夜睡在一横头。"意思说是好夫妻也免不了吵。我可不信，我信合理的生活，动机是爱，知识是指南针；爱的生活也不能纯粹靠感情，彼此的了解是不可少的。爱是帮助了解的力，了解是爱的成熟，最高的了解是灵魂的化合，那是爱的圆满功德。

没有一个灵性不是深奥的，要懂得真认识一个灵性，是一辈子的工作。这工夫愈下愈有味，像逛山似的，惟恐进得不深。

眉，你今天说想到乡间去过活，我听了顶欢喜，可是你得准备吃苦。总有一天我引你到一个地方，使你完全转变你的思想与生活的习惯。你这孩子其实是太娇养惯了！我今天想起丹农雪乌的《死的胜利》的结局；但中国人，那配！眉。你我从今起对爱的生活负有做到他十全的义务。我们应得努力。眉，你怕死吗？眉，你怕活吗？活比死难得多！眉，老实说，你的生活一天不改变，我一天不得放心。但北京就是阻碍你新生命的一个大原因，因此我不免发愁。

我从前的束缚是完全靠理性解开的；我不信你的就不能用同样的方法。万事只要自己决心；决心与成功间是最短的距离。

往往一个人最不愿意听的话，是他最应得听的话。

八月十日

我六时就醒了，一醒就想你来谈话，现在九时半了，难道你还不曾起身，我等急了。

我有一个心，我有一个头，我心动的时候，头也是动的。我真应得谢天，我在这一辈子里，本来自问已是陈死人，竟然还能尝着生活的甜味，曾经享受过最完全，最奢侈的时辰，我从此是一个富人，再没有抱怨的口实，我已经知足。这时候，天坍了下来，地陷了下去，霹雳种在我的身上，我再也不怕死，不愁死，我满心只是感谢。即使眉你有一天（恕我这不可能的设想）心换了样，停止了爱我，那时我的心就像莲蓬似的栽满了窟窿，我所有的热血都从这些窟窿里流走——即使有那样悲惨的一天，我想我还是不敢怨的，因为你我的心曾经一度灵通，那是不可灭的。上帝的意思到处是明显的，他的发落永远是平正的；我们永远不能批评，不能抱怨。

八月十一日

这过的是什么日子！我这心上压得多重呀！眉，我的眉，怎么好呢？刹那间有千百件事在方寸间起伏，是忧，是虑，是瞻前，是顾后，这笔上那能写出？眉，我怕，我真怕世界与我们是不能并立的，不是我们把他们打毁成全我们的活，就是他们打毁我们，逼迫我们的死。眉，我悲极了，我胸口隐隐的生痛，我双眼盈盈的热泪，我就要你，我此时要你，我偏不能有你，喔，这难受——恋爱是痛苦的，是的眉，再也没有疑义。眉，我恨不得立刻与你死去，因为只有死可以给我们想望的清静，相互的永远占有。眉，我来献全盘的爱给你，一团火热的真情，整个儿给你，我也盼望你也一样拿整个，完全的爱还我。

世上并不是没有爱，但大多是不纯粹的，有漏洞的，那就不值钱，平常，浅薄。我们是有志气的，决不能放松一屑屑，我们得来一个直纯的榜样。眉，这恋爱是大事情，是难事情，是关生死超生死的事情——如其要到真的境界，那才是神圣，那才是不可侵犯。有同情的朋友是难得的，我们现有少数的朋友，就思想见解论，在中国是第一流。他们都是真爱你我，看重你我，期望你我的。他们要看我们做到一般人做不到的事，实现一般人梦想的境界。他们，我敢说，相信你我有这天赋，有这能力；他们的期望是最难得的，但同时你我负着的责任，那不是玩儿。对己，对友，对社会，对天，我们有奋斗到底，做到十全的责任！眉，你知道我近来心事重极了，晚上睡不着不说，睡着了就来怖梦，种种的顾虑整天像刀光似的在心头乱刺，眉，你又是在这样的环境里嵌着，连自由谈天的机会都没有，咳，这真是那里说起！眉，我每晚睡在床上寻思时，我仿佛觉着发根里的血液一滴滴的消耗，在忧郁的思念中黑发变成苍白。一天二十四时，心头那有一刻的平安——除了与你单独相对的俄顷，那是太难得了。眉，我们死去吧，眉，你知道我怎样的爱你，啊眉！比如昨天早上你不来电话，从九时半到十一时我简直像是活抱着炮烙似的受罪，心那么的跳，那么的痛，也不知为什么，说你也不信，我躺在榻上直咬着牙，直翻身喘着哪！后来再也忍不住了，自己拿起了电话，心头那阵的狂跳，差一点把我晕了。谁知你一直睡着没有醒，我这自讨苦吃多可笑，但同时你得知道，眉，在恋中人的心理是最复杂的心理，说是最不合理可以，说是最合理也可以。

眉，你肯不肯亲手拿刀割破我的胸膛，挖出我那血淋淋的心留着，算是我给你最后的礼物？

今朝上睡昏昏的只是在你的左右。那怖梦真可怕，仿佛有人用妖法来离间我们，把我迷在一辆车上，整天整夜的飞行了三昼夜，旁边坐着一个瘦长的严肃的妇人，像是运命自身，我昏昏的身体动不得，口开不得，听凭那妖车带着我跑，等得我醒来下车的时候有人来对我说你已另订约了。我说不信，你带约指的手忽在我眼前闪动。我一见就往石板上一头冲去，一声悲叫，就死在地下——正当你电话铃响把我振醒，我那时虽则醒了，但那一阵的凄惶与悲酸，像是灵魂出了窍似的，可怜呀，眉！我过来正想与你好好的谈半句钟天，偏偏你又得出门就诊去，以后一天就完了，四点以后过的是何等不自然而局促的时刻！我与"先生"谈，也是凄凉万状，我们的影子在荷池圆叶上晃着，我心里只是悲惨，眉呀，你快来伴我死去吧！

八月十二日

这在恋中人的心境真是每分钟变样，绝对的不可测度。昨天那样的受罪，今儿又这般的上天，多大的分别！像这样的艳福，世上能有几个人享着；像这样奢侈的光阴，这宇宙间能有几多？却不道我年前口占的"海外缠绵香梦境，销魂今日竟燕京"，应在我的甜心眉的身上！B明白了，我真又欢喜又感激！他这来才够交情，我从此完全信托他了。眉，你的福分可也真不小，当代贤哲你瞧都在你的妆台前听候差遣。眉，你该睡着了吧，这时候，我们又该梦会了！说也真怪，这来精神异常的抖擞，真想做事了，眉，你内助我，我要向外打仗去！

八月十四日

昨晚不知那儿来的兴致，十一点钟跑到W家里，本想与奚谈天，他买了新鲜核桃，葡萄，莎果，莲蓬请我，谁知讲不到几句话，太太回来了，那就是完事。接着W和M也来了，一同在天井里坐着闲话，大家嚷饿，就吃蛋炒饭，我吃了两碗，饭后就嚷打牌，我说那我就得住夜．住夜就得与他们夫妇同床，M连骂"要死快哩，疯头疯脑"，但结果打完了八圈牌，我的要求居然做到，三个人一头睡下，熄了灯，M躲紧在W的胸前，格支支的笑个不住，我假装睡着，其实他说话等等我全听分明，到天亮都不曾落忽。

眉，娘真是何苦来。她是聪明，就该聪明到底；她既然看出我们俩都是痴情人容易钟情，她就该得想法大处落墨，比如说禁止你与我往来，不许你我见面，也是一个办法；否则就该承认我们的情分，给我们一条活路才是道理。像这样小鹡鹡的溜着眼珠当着人前提防，多说一句话该，多看一眼该，多动一手该，这可不是真该，实际毫无干系，只叫人不舒服，强迫人装假，真是何苦来。眉，我总说有真爱就有勇气，你爱我的一片血诚，我身体磨成了粉都不能怀疑，但同时你娘那里既不肯冒险，他那里又不肯下决断，生活上也没有改向，单叫我含糊的等着，你说我心上那能有平安，这神魂不定又那能做事？因此我不由不私下盼望你能进一步爱我，早晚想一个坚决的办法出来，使我早一天定心，早一天能堂皇的做人，早一天实现我一辈子理想中的新生活。眉，你爱我究竟是怎样的爱法？

我不在时你想我，有时很热烈的想我，那我信！但我不在时你依旧有你的生活,并不是怎样的过不去;我在你当然更高兴,但我所最要知道的是,眉呀,我是否你"完全的必要",我是否能给你一些世上再没有第二人能给你的东西,是否在我的爱你的爱里你得到了你一生最圆满,最无遗憾的满足?这问题是最重要不过的,因为恋爱之所以为恋爱就在她那绝对不可改变不可替代的一点;罗米乌爱玖丽德,愿为她死,世上再没有第二个女子能动他的心;玖丽德爱罗米乌,愿为他死,世上再没有第二个男子能占她一点子的情,他们那恋爱之所以不朽,又高尚,又美,就在这里。他们俩死的时候彼此都是无遗憾的,因为死成全他们的恋爱到最完全最圆满的程度,所以这"Die upon a kiss"是真钟情人理想的结局,再不要别的。反面说,假如恋爱是可以替代的,像是一枝牙刷烂了可以另买,衣服破了可以另制,她那价值也就可想。"定情"——the spiritual engagement, the great mutual giving up——是一件伟大的事情,两个灵魂在上帝的眼前自愿的结合,人间再没有更美的时刻——恋爱神圣就在这绝对性,这完全性,这不变性;所以诗人说:……the light of a whole life dies, when love is done。

恋爱是生命的中心与精华;恋的成功是生命的成功,恋爱的失败,是生命的失败,

这是不容疑义的。

眉,我感谢上苍,因为你已经接受了我;这来我的灵性有了永久的寄托,我的生命有了最光荣的起点,我这一辈子再不能想望关于我自身更大的事情发见,我一天有你的爱,我的命就有根,我就是精神上的大富翁。因此我不能不切实的认明这基础究竟是多深,多坚实,有多少抵抗侵凌的实力——这生命里多的是狂风暴雨!

所以我不怕你厌烦我要问你究竟爱到什么程度。有了我的

爱，你是否可以自慰已经得到了生命与生命中的一切？反面说，要没有我的爱，是否你的一生就没有了光彩？我再来打譬喻：你爱吃莲肉，爱吃鸡豆肉；你也爱我的爱！在这几天我信莲肉，鸡豆，爱都是你的需要；在这情形下爱只像是一个"加添的必要"——An additional necessity, 不是绝对的必要，比如有气，比如饮食，没了一样就没有命的。有莲时吃莲，有鸡豆时吃鸡豆，有爱时"吃"爱。好，再过几时时新就换样，你又该吃蜜桃，吃大石榴了，那时假定我给你的爱也跟着莲与鸡豆完了，但另有与石榴同时的爱现成可以"吃"——你是否能照样过你的活，照样生活里有跳有笑的？再说明白的，眉呀，我祈望我的爱是你的空气，你的饮食，有了就活，缺了就没有命的一样东西；不是鸡豆或是莲肉，有时吃固然痛快，过了时也没有多大交关，石榴柿子青果跟着来替口味多着吧！眉，你知道我怎样的爱你，你的爱现在已是我的空气与饮食，到了一半天不可少的程度，因此我要知道在你的世界里我的爱占一个什么地位。

　　May, I miss your passionately appealing gazingsand soul——communicating glances which once so overwhelmed and in gratiated me. Suppose I die suddenly tomorrow morning. Suppose I change my hean and love somebody else, what then would you feel and what would you do? These are very, cruel supposition. I know, but all the same I can't help making them, such being the lover's psychology.

　　Do you know what would I have done if in my coming back, I should have found my love no longer mine! Try and imagine the situation and tellme what you think.

　　日记已经第六天了，我写上了一二十页，不管写的是什么，你一个字都还没有出世哪！但我却不怪你，因为你真是贵忙；我自己就负你空忙大部分的责。但我盼望你及早开始你的日记，纪念我们同玩厂甸那一个蜜甜的早上。我上面一大段问你的话，确是我每天郁在心里的一点意思，眉，你不该答复我一两个字吗？眉，我写日记的时候我的意绪益发蚕丝似的绕着你；我笔下多写一个眉字，我口里低呼一声我的爱，我的心为你多跳了一下。你从前给我写的时候也是同样的情形我知道，因此我益发盼望你继续你的日记，也使我多得一点欢喜，多添几分安慰。

我想去买一只玲珑坚实的小箱，存你我这几月来交换的信件，算是我们定情的一个纪念，你意思怎样？

八月十六日

真怪，此刻我的手也直抖擞，从没有过的，眉我的心，你说怪不怪，跟你的抖擞一样？想是你传给我的，好，让我们同病；叫这剧烈的心震震死了岂不是完事一宗？事情的确是到门了，眉，是往东走或往西走你赶快得定主意才是，再要含糊时大事就变成了顽笑，那可真不是玩！他那口气是最分明没有的了；那位京友我想一定是双心，决不会第二个人。他现在的口气似乎比从前有主意得多，他已经准备"依法办理"；你听他的话"今年决不拦阻你"。好，这回像人了！他像人，我们还不争气吗？眉，这事情清楚极了，只要你的决心，娘，别说一个，十个也不能拦阻你。我的意思是我们同到南边去（你不愿我的名字混入第一步，固然是你的好意，但你知道那是不成功的，所以与其拖泥带浆还不如走大方的路，来一个干脆，只是情是真的，我们有什么见不得人面的地方？）找着 P 做中间人，解决你与他的事情，第二步当然不用提及，虽则谁不明白。眉，你这回真不能再做小孩了，你得硬一硬心，一下解决了这大事免得成天怀鬼胎过不自然的痛苦的日子。要知道你一天在这尴尬的境地里嵌着，我也心理上一天站不直，那能真心去做事，害得谁都不舒服，真是何苦来？眉，救人就是自救，自救就是救人。我最恨的是苟且，因循，懦怯，在这上面无论什么事就是找不到基础的。有志事竟成，没有错儿。奋勇上前吧，眉，你不用怕，有我整个儿在你旁边站着，谁要动你分毫，有我拼着性命保护你，你还怕什么？

今晚我认账，心上有点不舒服，但我有解释，理由很长，明天见面再说吧。我的心怀里，除了挚爱你的一片热情外，我决不容留任何夹杂的感想；这册爱眉小札里，除了登记因爱而流出的思想外，我也决不愿夹杂一些不值得的成分。眉，我是太痴了，自顶至踵全是爱，你得明白我，你得永远用你的柔情包住我这一团的热情，决不可有一丝的漏缝，因为那时就有爆裂的危险。

八月十八日

十一点过了。肚子还是疼，又招了凉怪难受的，但我一个人占空院子（宏这回真走了），夜沈沈的，那能睡得着？这时候饭店凉台上正凉快，舞场中衣香鬓影多浪漫多作乐呀！这屋子闷热得凶，蚊虫也不饶人，我脸上腕上脚上都叫咬了。我的病我想一半是昨晚少睡，今天打球后又喝冰水太多，此时也有些倦意，但眉你不是说回头给我打电话吗？我那能睡呢！听差们该死，走的走，睡的睡，一个都使唤不来。你来电时我要是睡着了那又不成。所以我还是起来涂我最亲爱的爱眉小札吧。方才我躺在床上又想这样那样的。怪不得老话说"疾病则思亲"，我才小不舒服，就动了感隋，你说可笑不？我倒不想父母，早先我有病时总想妈

爱眉小札

妈,现在连妈妈都退后了,我只想我那最亲爱的,最钟爱的小眉。我也想起了你病的那时候。天罚我不叫我在你的身旁,我想起就痛心,眉,我怎样不知道你那时热烈的想我要我。我在意大利时有无数次想出了神,不是使劲的自咬手臂,就是拿拳头捶着胸,直到真痛了才知道。今晚轮着我想你了,眉!我想象你坐在我的床头,给我喝热水,给我吃药,抚摩着我生痛的地方,让我好好的安眠,那都幸福呀!我愿意生一辈子病,叫你坐一辈子的床头。哦那可不成,太自私了,不能那样设想。昨晚我问你我死了你怎样,你说你也死,我问真的吗,你接着说的比较近情些。你说你或许不能死,因为你还有娘,但你会把自己"关"起来,再不与男人们来往。眉,真的吗?门关得上,也打得开,是不是?我真傻,我想的是什么呀,太空幻了!我方才想假使我今晚肚子疼是盲肠炎,一阵子涌上来在极短的时间内痛死了我,反正这空院子里鬼影都没,天上只有几颗冷淡的星,地下只有几茎野草花。我要是真的灵魂出了窍,那时我一缕精魂飘飘荡荡的好不自在,我一定跟着凉风走,自己什么主意都没有;假如空中吹来有音乐的声响,我的鬼魂许就望着那方向飞去——许到了饭店的凉台上。啊,多凉快的地方,多好听的音乐,多热闹的人群呀!啊,那又是谁,一位妙龄女子,她慵慵的倚着一个男子肩头在那像水泼似的地平上翩翩的舞,多美丽的舞影呀!但她是谁呢,为什么我这缥缈的三魂无端又感受一个劲烈的颤栗?她是谁呢,那样的美,那样的风情,让我移近去看看,反正这鬼影是没人觉察,不会招人讨厌的不是?现在我移近了她的跟前——慵慵的倚着一个男子肩头款款舞踏着的那位女郎。她到底是谁呀,你,孤单的鬼影,究竟认清了没有?她不是旁人;不是皇家的公主,不是外邦的少女;她不是别人,她就是她——你生前沥肝脑去恋爱的她!你自己不幸,这大早就变了鬼,她又不知道,你不通知她那能知道——那圆舞的音乐多香柔呀！好，我去通知她吧。那鬼影踌躇了一晌，咽住了他无形的悲泪，益发移近了她，举起一个看不见的指头，向着她暖和的胸前轻轻的一点——啊，她打了一个寒噤，她抬起了头，停了舞，张大了眼睛，望着透光的鬼影睁眼的看，在那一瞥间她见着了，她也明白了，她知道完了——她手掩着面，她悲切切的哭了。她同舞的那位男子用手去揽着她，低下头去软声声安慰她——在泼水似的地平上，他拥着掩面悲泣的她慢慢走回坐位去坐下了。音乐还是不断的奏着。

十二点了。你还没有消息，我再上床去躺着想吧。

十二点三刻了。还是没有消息。水管的水声，像是沥渐的秋雨，真恼人。为什么心头这一阵阵的凄凉眼泪——线条似的挂下来了！写什么，上床去吧。

一点了。一个秋虫在阶下鸣，我的心跳；我的心一块块的迸裂；痛！写什么，还是躺着去，孤单的痴人！

一点过十分了。还这么早，时候过得真慢呀！

这地板多硬呀，跪着双膝生痛；其实何苦来，祷告又有什么用处？人有没有心是问题；天上有没有神道更是疑问了。

志摩啊你真不幸！志摩啊你真可怜！早知世界是这样的，你何必投娘胎出世来！这一腔热血迟早有一天呕尽。

一点二十分！

一点半—Marvellous！！

一点三十五分——Life is too charming, in—deed, Haha！！

一点三刻——O' is that the way woman love！Is that the way woman love！

一点五十五分——天呀！

两点五分——我的灵魂里的血一滴滴的在那里掉……

两点十八分——疯了！

两点三十分——

两点四十分——"The pity of it, the pity of it, Iago!" Christ, what a hell is packed mto that line! Eachsyuahle

Blessed, when you say it. ……

两点五十分——静极了。

三点七分——

三点二十五分——火都没了!

三点四十分——心茫然了!

五点欠一刻——咳!

六点三十分

七点二十七分

八月十九日

眉。你救了我,我想你这回真的明白了,情感到了真挚而且热烈时,不自主的往极端方向走去,亦难怪我昨夜一个人发狂似的想了一夜,我何尝成心和你生气,我更不会存一丝的怀疑,因为那就是怀疑我自己的生命,我只怪嫌你太孩子气,看事情有时不认清亲疏的区别,又太顾虑,缺乏勇气。须知真爱不是罪(就怕爱而不真,做到真字的绝对义那才做到爱字),在必要时我们得以身殉,与烈士们爱国,宗教家殉道,同是一个意思。你心上还有芥蒂时,还觉得"怕"时,那你的思想就没有完全叫爱染色,你的情没有到晶莹剔透的境界,那就比一块光泽不纯的宝石,价值不能怎样高的。昨晚那个经验,现在事后想来,自有它的功用,你看我活着不能没有你,不单是身体,我要你的性灵,我要你身体完全的爱我,我也要你的性灵完全的化入我的,我要的是你的绝对的全部——因为我献给你的也是绝对的全部，那才当得起一个爱字。在真的互恋里，眉，你可以尽量，尽性的给，把你一切的所有全给你的恋人，再没有任何的保留，隐藏更不须说；这给，你要知道，并不是给，像你送人家一件袍子或是什么，非但不是给掉，这给是真的爱，因为在两情的交流中，给与爱再没有分界；实际是你给的多你愈富有，因为恋情不是像金子似的硬性，它是水流与水流的交抱，有明月穿上了一件轻快的云衣，云彩更美，月色亦更艳了。眉，你懂得不是，我们买东西尚且要挑剔，怕上当，水果不要有蛀洞的，宝石不要有斑点的，布绸不要有皱纹的，爱是人生最伟大的一件事实，如何少得一个完全；一定得整个换整个，整个化入整个。像糖化在水里，才是理想的事业，有了那一天，这一生也就有了交代了。

眉，方才你说你愿意跟我死去，我才放心你爱我是有根了；事实不必有，决心不可不有，因为实际的事变谁都不能测料，到了临场要没有相当准备时，原来神圣的事业立刻就变成了丑陋的顽笑。

世间多的是没志气的人，所以只听见顽笑，真的能认真的能有几个人；我们不可不格外自勉。

我不仅要爱的肉眼认识我的肉身，我要你的灵眼认识我的灵魂。

八月二十日

我还觉得虚虚的，热没有退净，今晚好好睡就好了，这全是自讨苦吃。

我爱那重帘，要是帘外有浓绿的影子，那就更有趣了。

你这无谓的应酬真叫人太不耐烦,我想想真有气,成天遭强盗抢。老实说,我每晚睡不着也就为此,眉,你真的得小心些,要知道"防微杜渐"在相当时候是不可少的。

八月二十一日

眉,醒起来,眉,起来,你一生最重要的交关已经到门了,你再不可含糊,你再不可因循,你成人的机会到了,真的到了。他已经把你看作泼水难收,当着生客们的面前,尽量的羞辱你;你再没有志气,也不该犹豫了;同时你自己也看得分明,假如你离成了,决不能再在北京耽下去。我是等着你,天边去,地角也去,为你我什么道儿都欣欣的不踌躇的走去。听着:你现在的选择,一边是苟且暧昧的图生,一边是认真的生活;一边是肮脏的社会,一边是光荣的恋爱;一边是无可理喻的家庭,一边是海阔天空的世界与人生;一边是你的种种的习惯,寄妈舅母,各类的朋友,一边是我与你的爱。认请楚了这回,我最爱的眉呀,"差以毫厘,谬以千里""一失足成千古恨",你真的得下一个完全自主的决心,叫爱你期望你的真朋友们,一致起敬你才好呢!

眉,为什么你不信我的话,到什么时候你才听我的话!你不信我的爱吗?你给我的爱不完全吗?为什么你不肯听我的话,连极小的事情都不依从我——倒是别人叫你上那儿你就梳头打扮了快走。你果真是我,不能这样没胆量,恋爱本是光明事,为什么要这样子偷偷的,多不痛快。

眉,要知道你只是偶尔的觉悟,偶尔的难受,我呢,简直是整天整晚的叫忧愁割破了我的心。O May! love me; give me all your love, let us become one; try to live into my love for you, let my love fill you, nourish you, caress your daring body and hug your daring soul too; let my love stream over you, merge you thoroughly, let me rest happy andconfident in your passion for me!

  忧愁他整天拉着我的心，
  像一个琴师操练他的琴；
  悲哀像是海礁间的飞涛；
  看他那汹涌听他那呼号。

八月二十二日

  眉，今儿下午我实在是饿荒了，压不住上冲的肝气，就这么说吧，倒叫你笑话酸劲儿大，我想想是觉着有些过分的不自持，但同时你当然也懂得我的意思。我盼望，聪明的眉呀，你知道我的心胸不能算不坦白，度量也不能说是过分的窄，我最恨是琐碎地方认真，但大家要分明，名分与了解有了就好办，否则就比如一盘不分疆界的棋，叫人无从下手了。

  很多事情是庸人自扰，头脑清明所以是不能少的。

  你方才跳舞说一句话很使我自觉难为情，你说："我们还有什么客气？"难道我真的气度不宽，我得好好的反省才是。

  眉，我没有怪你的地方，我只要你的思想与我的合并成一体，绝对的泯缝，那就不易见错儿了。

  我们得互相体谅；在你我间的一切都得从一个爱字里流出。

  我一定听你的话，你叫我几时回南我就回南，你叫我几时往北我就几时往北。

爱眉小札

今天本想当人前对你说一句小小的怨语,可没有机会,我想说:"小眉真对不起人,把人家万里路外叫了回来,可连一个清静谈话的机会都没给人家!"下星期西山去一定可以有机会了,我想着就起劲,你呢,眉?

我较深的思想一定得写成诗才能感动你,眉,有时我想就只你一个人真的懂我的诗,爱我的诗,真的我有时恨不得拿自己血管里的血写一首诗给你,叫你知道我爱你是怎样的深。

眉,我的诗魂的滋养全得靠你,你得抱着我的诗魂像抱亲孩子似的,他冷了你得给他穿,他饿了你得喂他食——有你的爱他就不愁饿不愁冻,有你的爱他就有命!

眉,你得引我的思想往更高更大更美处走;假如有一天我思想堕落或是衰败时就是你的羞耻,记着了,眉!

已经三点了,但我不对你说几句话我就别想睡。这时你大概早睡着了,明儿九时半能起吗?我怕还是问题。

你不快活时我最受罪,我应当是第一个有特权有义务给你慰安的人不是?下回无论你怎样受了谁的气不受用时,只要我在你旁边看你一眼或是轻轻的对你说一两个小字,你就应得宽解;你永远不能对我说"shut up"(当然你决不会说的,我是说笑话),叫我心里受刀伤。

我们男人,尤其是像我这样的痴子,真也是怪,我们的想头不知是那样转的,比如说去秋那"一双海电",为什么这一来就叫一万二千度的热顿时变成了冰,烧得着天的火立刻变成了灰,也许我是太痴了,人间绝对的事情本是少有的。All or Nothing 到如今还是我做人的标准。

眉,你真是孩子,你知道你的情感的转向来得多快,一会儿气得话都说不出,一会儿又嚷吃面包了!

今晚与你跳的那一个舞,在我是最 enjoy 不过了,我觉得从没有经验过那样浓艳的趣味——你要知道你偶尔唤我时我的心身就化了！

八月二十三日

昨晚来今雨轩又有慷慨激昂的"援女学联会"，有一个大胡子矮矮的，他像是大军师模样，三五个女学生一群男学生站在一起谈话，女的哭哭噪噪，一面擦眼泪，一面高声的抗议，我只听见"像这样还有什么公理呢？"又说："谁失踪了，谁受重伤了，谁准叫他们打死了，唉，一定是打死了，乌乌乌乌……"

眉倒看得好玩，你说女人真不中用，一来就哭，你可不知道女人的哭才是她的真本领哩！

今天一早就下雨，整天阴霾到底，你不乐，我也不快；你不愿见人，并且不愿见我；你不打电话，我知道你连我的声音都不愿听见，我可一点也不怪你，眉，我懂得你的抑郁，我只抱歉我不能给你我应分的慰安。十一点半了，你还不曾回家，我想象你此时坐在一群叫嚣不相干的俗客中间，看他们放肆的赌，你尽愣着，眼泪向里流着，有时你还得赔笑脸，眉，你还不厌吗，这种无谓的生活，你还不造反吗？眉？

我不知道我对你说着什么话才好，好像我所有的话全说完了，又像是什么话都没有说，眉呀，你望不见我的心吗？这凄凉的大院子今晚又是我单个儿占着，静极了，我觉得你不在我的周围，我想飞上你那里去，一时也像飞不到的样子，眉，这是受罪，真是受罪！方才"先生"说他这一时不很上我们这儿来，因为他看了我们不自然的情形觉着不舒服，原来事情没有到门大家见面打哈哈倒没有什么，这回来可不对了，悲惨的颜色，紧急的情调，一时都来了，但见面时还得装作，那就是痛苦，连旁观人都受着的，所以他不愿意来，虽则他很 Miss 你。他明天见娘谈话去，他再不见效，谁都不能见效了，他真是好朋友，他见到，他也做到，我们将来怎样答谢他才好哩。s 来信有这几句话——我觉得自己无助的可怜，但是一看小曼，我觉得自己运气比她高多了，如果我精神上来，多少可以做些事业，她却难上难，一不狠心立志，险得很。岁月蹉跎，如何能保守健康精神与身体，志摩，你们都是她的至近朋友，怎不代她设想设想？使她蹉磨下去，真是可惜，我是巾帼到底不好参与家事……

八月二十四日

这来你真的很不听话眉，你知道不？也许我不会说话，你不爱听，也许你心烦听不进，今晚在真光我问你记否去年第一次在剧场觉得你的发鬓擦着我的脸（我在海拉尔寄回一首诗来纪念那初度尖锐的宫感，在我是不可忘的），你理都没有理会我，许是你看电影出了神，我不能过分怪你。

今晚北海真好，天上的双星那样的晶清，隔着一条天河含情的互睇着；满池的荷叶在微风里透着清馨；一弯黄玉似的初月在西天挂着；无数的小虫相应的叫着；我们的小舫在荷叶丛中刺着，我就想你，要是你我俩坐着一只船在湖心里荡着，看星，听虫，嗅荷馨，忘却了一切，多幸福的事，我就怨你这一时心不静，思想不清，我要你到山里去也就为此。你一到山里心胸自然开豁得多，我敢说你多忘了一件杂事，你就多一分心思留给你的爱；你看看地上的草色，看看天上的星光，摸摸自己的胸膛，自问究竟你的灵魂得到了寄托没有，你的爱得到了代价没有，你的一生寻出了意义没有？你在北京城里是不会有清明思想的——大自然提醒我们内心的愿望。

　　我想我以后写下的不拿给你看了，眉，一则因为天天看烦得很，反正是这一路的话，这爱长爱短老听也是怪腻烦的；

　　二则我有些不甘愿，因为分明这来你并不怎样看重我的"心声"。我每天的写，有工夫就写，倒像是我惟一的功课，很多是夜阑人静半夜三更写的，可是你看也就翻过算数，到今天你那本子还是白白的，我问你劝你的话你也从不提及，可见你并不曾看进去，我写当然还是写，但我想不要每天缴卷似的送过去了，我也得装装马虎，等你自己想起时问起时真的要看时再给你不迟。我记得（你记得吗，眉？）才几个月前你最初与我秘密通讯时，你那时的诚恳，焦急，需要，怎样抱怨我不给你多写，你要看我的字就比掉在岸上的鱼想水似的急，——咳，那时间我的肝肠都叫你摇动了，眉！难道这几个月来你已经看够了不成？我的话准没有先前的动听，所以你也不再着急要，虽则我自问我对你一往的深情真是一天深似一天，我想看你的字，想听你的话，想搂抱你的思想，正比你几个月前想要我的有增无减——眉，这是什么道理？我知道我如其尽说这一套带怨意的话，你一定看得更不耐烦，我真是愈来愈蠢了，什么新鲜的念头，讨人欢喜招人乐的俏皮话一句也想不着，这本子一页又一页只是板着脸子说的郑重话，那能怪你不爱看——我自个儿活该不是？下回我想来一个你给我的信的一个研究——我要重新接近你那时的真与挚，热烈与深刻。眉，你知道你那时偶尔看一眼，那一眼里含着多少的深情呀！现在你快正眼都不爱觑我了，眉，这是什么道理？你说你心烦，所以连面都不愿见我——我懂得，我不怪你，假如我再跑了一次看看——我不在跟前时也许你的思想倒会分给我一些——你说人在身边，何必再想，真是！这样来我愿意我立即死了，那时我倒可以希望占有你一部分纯洁的思想的快乐。眉,你几时才能不心烦?你一天心烦,我也一天不心安,因为我们俩的思想镶不到一起,随我怎样的用力用——

眉,假如我逼着你跟我走,那是说到和平办法真没有希望时,你将怎样发付我?不,我情愿收回这问句,因为你也许忍心拿一把刀插在爱你的摩的心里!

咳,"以不了了之",什么话!我倒不信,徐志摩不是懦夫,到相当时候我有我的颜色,无耻的社会你们看着吧!

眉,只要你有一个日本女子一半的痴情与侠气——你早跟我飞了,什么事都解决了。乱丝总得快刀斩,眉,你怎的想不通呀!

上海有时症,天又热,我也有些怕去。

八月二十五日

眉,你快乐时就比花儿开,我见了直乐!

八月二十七日

两天不亲近爱眉小札了,真觉得抱歉。

香山去只增添加深我的懊丧与惆怅,眉,没有一分钟过去不带着想你的痴情,眉,上山,听泉,折花,望远,看星,独步,嗅草,捕虫,寻梦,——那一处没有你,眉,那一处不惦着你眉,那一个心跳不是为着你眉!

我一定得造成你眉;旁人的闲话我愈听愈恼,愈愤愈自信!

眉，交给我你的手，我引你到更高处去，我要你托胆的完全信任的把你的手交给我。

我没有别的方法，我就有爱；没有别的天才，就是爱；没有别的能耐，只是爱；没有别的动力，只是爱。

我是极空洞的一个穷人，我也是一个极充实的富人——

我有的只是爱。

眉，这一潭清冽的泉水；你不来洗濯谁来；你不来解渴谁来；你不来照形谁来！

我白天想望的，晚间祈祷的，梦中缠绵的，平时神往的——只是爱的成功，那就是生命的成功。

是真爱不能没有力量；是真爱不能没有悲剧的倾向。

眉，"先生"说你意志不坚强，所以目前逢着有阻力的环境倒是好的，因为有阻力的环境是激发意志最强的一个力量，假如阻力再不能激发意志时，那事情也就不易了。这时候各界的看法各各不同，眉，你觉出了没有？有绝对怀疑的；有相对怀疑的；有部分同情的；有完全同情的（那很少，除是老K）；有嫉忌的；有阴谋破坏的（那最危险）；有肯积极助成的；有愿消极帮忙的……都有。但是，眉，听着，一切都跟着你我自身走；只要你我有意志，有气，有勇，加在一个真的情爱上，什么事不成功？真的！

有你在我的怀中，虽则不过几秒钟，我的心头便没有忧愁的踪迹；你不在我的当前，我的心就像挂灯似的悬着。

你为什么不抽空给我写一点？不论多少，抱着你的思想与抱着你的温柔的肉体，同样是我这辈子无上的快乐。

往高处走，眉，往高处走！

我不愿意你过分"爱物"，不愿意你随便花钱，无形中养成"想什么非要到什么不可"的习惯；我将来决不会怎样赚钱的。

即使有机会我也不来，因为我认定奢侈的生活不是高尚的生活。

爱，在俭朴的生活中，是有真生命的，像一朵朝露浸着的小草花；在奢华的生活中，即使有爱，不能纯粹，不能自然，像是热屋子里烘出来的花，一半天就衰萎的忧愁。

论精神我主张贵族主义；谈物质我主张平民主义。

眉，你闲着时候想一想，你会不会有一天厌弃你的摩。

不要怕想，想是领到"通"的路上去的。

爱朋友怜惜与照顾也得有个限度，否则就有界限不分明的危险。

小的地方要防，正因为小的地方容易忽略。

这生活真闷死得人，下午等你消息不来时我反扑在床上，凄凉极了，心跳得飞快。在迷惘中呻吟着"Let me die, let me die. O Love！"

八月二十八日

眉，你的舌头上生疱，说话不利便；我的舌头上不生疱，说话一样的不能出口，我只能连声的叫他，眉，眉，你听着了没有？

为谁憔悴？眉，今天有不少人说我。

老太爷防贼有功，应赏反穿黄马褂！

心里只是一束乱麻，叫我如何定心做事。

"南边去防口实"，咳眉，这回再要"以不了了之"，我真该投身西湖做死鬼去了。

我本想在南行前写完这本日记的，但看情形怕不易了，眉，这本子里不少我的呕心血的话，你要是随便翻过的话，我的心血就白呕了!

八月二十九日

眉,今天今晚我释然得很。

八月三十一日

眉,今晚我只是"爽然"!"如此星辰非昨夜,为谁风露立终宵",多凄凉的情调呀!北海月色荷香,再会了!

织女与牛郎,清浅一水隔,相对而无言,盈盈复脉脉。

九月五日　上海

前几天真不知是怎样过的,眉呀,昨晚到站时"谭谭"背给我听你的来电,他不懂得末尾那个眉字,瞎猜是密码还是什么,我真忍不住笑了——好久不笑了眉,你的摩?

"先生"真可人,"一切如意——珍重——眉",多可爱呀,救命王菩萨,我的眉!这世界毕竟不是骗人的,我心里又漾着一阵甜味儿,痒齐齐怪难受的,飞一个吻给我至爱的眉,我感谢上苍,真厚待我,眉终究不负我,忍不住又独自笑了。昨夜我住在蒋家,覆去翻来老想着你,那睡得着,连着蜜甜的叫你嗔你亲你,你知道不,我的爱?

今天挨过好不容易,直到十一时半你的信才来,阿弥陀佛,我上天了。我一壁开信就见看你肥肥的字迹我就乐想躲着眉，我妈坐在我对桌，我爸躺在床上同声笑着骂了："谁来看你信，这鬼鬼祟祟的干么！"我倒怪不好意思的，念你信时我面上一定很有表情，一忽儿紧皱着眉头，一忽儿笑逐颜开，妈准递眼风给爸笑话我哪！

眉，我真心的小龙，这来才是推开云雾见青天了！我心花怒放就不用提了，眉，我恨不得立刻搂着你，亲你一个气都喘不回来，我的至宝，我的心血，这才是我的好龙儿哪！

你那里是披心沥胆，我这里也打开心肠来收受你的至诚——同时我也不敢不感激我们的"红娘"，他真是你我的恩人——你我还不争气一些！

说也真怪，昨天还是在昏沈地狱里坑着的，这来勇气全回来了，你答应了我的话，你给了我交代，我还不听你话向前做事去，眉，你放心，你的摩也不能不给你一个好"交代"！

今天我对 P 全讲了，他明白，他说有办法，可不知什么办法！

真厌死人，娘还得跟了来！我本想到南京去接你的，她若来时我连上车站都不便，这多气人，可是我听你话，眉，如今我完全听你话，你要我怎办就怎办，我完全信托你，我耐着——为着你眉。

眉，你几时才能再给我一个甜甜的——我急了！

九月八日

风波，恶风波。

眉，方才听说你在先施吃冰淇淋剪发，我也放心了；昨晚我说——"The absolute way out is the best way out"。

我意思是要你死,你既不能死,那你就活;现在情形大概你也活得过去,你也不须我保护;我为你已经在我的灵魂上涂上一大搭的窑煤,我等于说了谎,我想我至少是对得住你的;这也是种气使然,有行动时只是往下爬,永远不能向上争,我只能暂时洒一滴创心的悲泪,拿一块冷笑的毛毡包起我那流鲜血的心,等着再看随后的变化吧。

我此时竟想立刻跑开,远着你们,至少让"你的"几位安安心;我也不写信给你,也没法写信;我也不想报复,虽则你娘的横蛮真叫人发指;我也不要安慰,我自己会骗自己的,罢了,罢了,真罢了!

一切人的生活都是说谎打底的,志摩,你这个痴子妄想拿真去代谎,结果你自己轮着双层的大谎,罢了,罢了,真罢了!

眉,难道这就是你我的下场头?难道老婆婆的一条命就活活的吓倒了我们,真的蛮横压得倒真情吗?

眉,我现在只想在什么时候再有机会抱着你痛哭一场——我此时忍不住悲泪直流,你是弱者眉,我更是弱者的弱者,我还有什么面目见朋友去,还有什么心肠做事情去——

罢了,罢了,真罢了!

眉,留着你半夜惊醒时一颗凄凉的眼泪给我吧,你不幸的爱人!

眉,你镜子里照照,你眼珠里有我的眼水没有?

唉,再见吧!

九月九日

今晚许见着你,眉,叫我怎样好!Z说我非但近痴,简直已经痴了。方才爸爸进来问我写什么,我说日记,他要看前面的题字,没法给他看了,他指了指"眉"字,笑了笑,用手打了我一下。爸爸真通人情,前夜我没回家他急得什么似的一晚没睡,他说替我"捏着一大把汗",后来问我怎样,我说没事,他说"你额上亮着哪",他又对我说:"像你这样年纪,身边女人是应得有一个的,但可不能胡闹,以后,有夫之妇总以少接近为是。"我当然不能对他细讲,点点头算数。

昨晚我叫梦象缠得真苦,眉你真害苦了我,叫我怎生才是?我真想与你与你们一家人形迹上完全绝交,能躲避处躲避,免不了见面时也只随便敷衍,我恨你的娘刺骨,要不为你爱我,我要叫她认识我的厉害!等着吧,总有一天报复的!

我见人都觉着尴尬,了解的朋友又少,真苦死。前天我急极时忽然想起了LY,她多少是个有侠气的女子,她或能帮忙,比如代通消息,但我现在简直连信都不想给你通了,我这里还记着日记,你那里恐怕连想我都没有时候了,唉,我一想起你那专暴淫蛮的娘!

我来扬子江边买一把莲蓬;
手剥一层层的莲衣,
看江鸥在眼前飞,
忍含着一眼悲泪,——
我想着你,我想着你,啊小龙!

我尝一尝莲瓣,回味曾经的温存——
那阶前不卷的重帘,
掩护着销魂的欢恋,
我又听着你的盟言:

"永远是你的,我的身体,我的灵魂。"

我尝一尝莲心,我的心比莲心苦,
我长夜里怔忡,
挣不开的恶梦;
谁知我的苦痛!
你害了我,爱,这是叫我如何过?

但我不能说你负,更不能猜你变;
我心头只是一片柔
你是我的!我依旧
将你紧紧的抱搂;
除非是天翻,但我不能想象那一天!

九月四日沪宁道上

九月十日

"受罪受大了!"受罪受大了,我也这么说。眉呀,昨晚席问我浑身的肉都颤动了,差一点不曾爆裂,说也怪,我本不想与你说话的,但等到你对我开口时,我闷在心里的话一句都说不上来,我睁着眼看你来,睁着眼看你去,谁知道我的心!

有一点我却不甚懂,照这情形绝望是定的了,但你的口气还不是那样子,难道你另外又想出了路子来?我真想不出。

爱眉小札

九月十一日

　　眉，你到底是什么回事？你眼看着我流泪晶晶的说话的时候，我似乎懂得你，但转瞬间又模糊了；不说别的，就这现亏我就吃定的了，"总有一天报答你"——那一天不是今天，更有那一天？我心只是放不下，我明天还得对你说话。

　　事态的变化真是不可逆料，难道真有命的不成？昨晚在 M 外院微光中，你铄亮的眼对着我，你温热的身子亲着我，你说"除非立刻跑"那话就像电火似的照亮了我的心，那一刹那间，我乐极，什么都忘了，因为昨天下午你在慕尔鸣路上那神态真叫我有些诧异，你一边咬得那样定，你心里究竟是什么一回事呢？所以我忍不住（怕你真又糊涂了）写了封信给他，亲自跑去送信，本不想见你的，他昨晚态度倒不错，承他的情，我又占了你至少五分钟，但我昨晚一晚只是睡不着，就惦着怎样"跑"。我想起大连，想叫"先生"下来帮着我们一点，这样那样尽想，连我们在大连租的屋子，相互的生活，都一一影片似的翻上心来。今天我一早出门还以为有几分希冀，这冒险的意思把我的心搔得直发痒，可万想不到说谎时是这般田地，说了真话还是这般田地，真是麻维勒斯了！

　　我心里只是一团谜，我爸我娘直替我着急，悲观得凶，可我又有什么办法？咳眉你不能成心的害我毁我；你今天还说你永远是我的，我没法不信你，况且你又有那封真挚的信，我怎能不怜着你一点，这生活真是太蹊跷了！

九月十三日

"先生"昨晚来信，满是慰我的好意，我不能不听他的话，他懂得比我多，看得比我透，我真想暂时收拾起我的私情，做些正经事业；也叫爱我如"先生"的宽宽心，咳，我真是太对不起人了。

眉，一见你一口气就哽住了我的咽喉，什么话都说不出来了，他昨晚的态度真怪，许有什么花样，他临上马车过来与我握手的神情也顶怪的，我站着看你，心里难受就不用提了，你到底是谁的？昨晚本想与你最后说几句话，结果还是一句都说不成，只是加添了愤懑。咳，你的思想真混，眉，我不能不说你。

这来我几时再见你，眉？看你吧。我不放心的就是你许有彻悟的时候真要我的时候，我又不在你的身旁，那便怎办？

西湖上见得着我的眉吗？

我本来站在一个光亮的地位，你拿一个黑影子丢上我的身来，我没法摆脱……

The sufferer has no right to pessimism.

这话里有电，有震醒力！

十日在栈里做了一首诗：

> 今晚天上有半轮的下弦月；
> 我想携着她的手，
> 往明月多处走——
> 一样是清光，我想，圆满或残缺。

庭前有一树开剩的玉兰花；

她有的是爱花癖，

我忍看它的怜惜——

一样是芬芳，她说，满花与残花。

浓荫里有一只过时的夜莺；

她受了秋凉，

不如从前浏亮——

快死了，她说，但我不悔我的痴情！

但这莺，这一树残花，这半轮月——

我独自沈吟，

对着我的身影——

她在那里呀，为什么伤悲，凋谢，残缺？

九月十六日

　　你今晚终究来不来？你不来时我明天走怕不得相见了；你来了又待怎样？我现在至多的想望是与你临行一诀，但看来百分里没有一分机会！你娘不来时许还有法想；她若来时什么都完了。想着真叫人气；但转想即使见面又待怎生，你还是在无情的石壁里嵌着，我没法挖你出来，多见只多尝锐利的痛苦，虽则我不怕痛苦。眉，我这来完全变了个"宿命论者"，我信人事会合有命有缘，绝对不容什么自由与意志，我现在只要想你常说那句话早些应验——"我总有一天报答你"。是的我也信，前世不论，今生是你欠我债的；你受了我的礼还不曾回答；你的盟言——"完全是你的，我的身体，我的灵魂"——还不曾实践，眉，你决不能随便堕落了，你不能负我，你的惟一的摩！我固然这辈子除了你没有受过女人的爱，同时我也自信我也该觉着我给你的爱也不是平常的，眉，真的到几时才能清账，我不是急，你要我耐我不是不能耐，但怕的是华年不驻，热情难再，到那天彼此都离朽木不远的时候再交抱，岂不是"何苦"？

我怕我的话说不到你耳边，我不知你不见我时心里想的是什么，我不能自由见你，更不能勉强你想我；但你真的能忘我吗？真的能忍心随我去休吗？眉，我真不信为什么我的运蹇如此！

我的心想不论望那一方向走，碰着的总是你，我的甜；你呢？

在家里伴娘睡两晚，可怜，只是在梦阵里颠倒，连白天都是这怔怔的。昨天上车时，怕你在车上，初到打电话时怕你已到，到春润庐时怕你就到——这心头的回折，这无端的狂跳，有谁知道？

方才送花去，踌躇了半晌，不忍不送，却没有附信去，我想你能够懂得。

昨天在楼外楼上微醺时那凄凉味儿，眉呀，你何苦爱我来！

方才在烟霞洞与复之闲谈，他说今年红蓼红蕉都死了，紫薇也叫虫咬了，我听了又有怅触，随诌四句——

   红蕉烂死紫薇病

   秋雨横斜秋风紧

   山前山后乱鸣泉

   有人独立怅空溟

爱眉小札

九月十七日

爸今天一定很怪我,早上没有回去,他已是不愿意,下午又没有回,他准皱眉!但他也一定有数,我为什么耽着;眉,我的眉,为你,不为你更为谁!可怜我今天去车站盼望你来,又不敢露面,心里双层的难受,结果还是白候,这时候有九时半!王福没电话来,大约又没有到,也许不叫打,我几次三番想写给你可又没法传递,咳,真苦极了,现在我立定主意走了,不管了,以后就看你了,眉呀!想不到这爱眉小札,欢欢喜喜开的篇,会有这样凄惨的结束,这一段公案到那一天才判得清?我成天思前想后的神思越恍惚了,再不赶快找"先生"寻安慰去,我真该疯了。眉,我有些怨你;不怨你别的,怨你在京那一个月,多难得的日子,没多给我一点平安,你想想,北海那晚上!眉,要不是你后来那封信,我真该疑你了。

今天我又发傻,独自去灵隐,直挺挺的躺在壑雷亭下那石条磴上寻梦,我故意把你那小红绢盖在脸上,妄想倩女离魂,把你变到壑雷亭下来会我!眉,你究竟怎样了,我那里舍得下你,我这里还可以现在似的自由的写日记,你那里怕连出神的机会都没有,一个娘,一个丈夫,手挽手的给你造上一座打不破的牢墙,想着怎不叫人恚愤,你说"Some day God will pity us";but will there be such a day?

昨晚把娘给我那玻璃翠戒指落了,真吓得我!恭喜没有掉了;我盼望有一天把小龙也捡了回来,那才真该恭喜哪。昏昏的度日,诗意尽有,写可写不成,方才凑成了四节:

昨天我冒着大雨去烟霞岭下访桂；
南高峰在烟霞中不见；
在一家松茅铺的屋沿前
我停步，问一个村姑今年
翁家山的丹桂没有去年时的媚。

那村姑先对着我身上细细的端详：
"活像个羽毛浸瘪了的鸟。"
我心里想，她，定觉得蹊跷，
在这大雨天单身走远道，
倒来没来头的问桂花今年香不香！

"客人，你运气不好，来得太迟又太早：
这里就是有名的满家弄，
往年这时候到处香得凶，
这几天连绵的雨，外加风，
弄得这稀糟，今年的早桂就算完了。"

果然这桂子林也不能给我欢喜：
枝上只见焦烂的细蕊，
看着凄惨，咳，无妄的灾，
我心想，为什么到处憔悴？——
这年头活着不易，这年头活着不易！

又凑成了一首——

再不见雷峰，雷峰坍成了一座大荒冢，

顶上有不少交抱的青葱,
顶上有不少交抱的青葱;
再不见雷峰,雷峰坍成了一座大荒冢。
发什么感慨,对着这光阴应分的摧残?
世上多的是不应分的变态;
世上多的是不应分的变态,
发什么感慨,对着这光阴应分的摧残?
发什么感慨,这塔是镇压,这坟是掩埋——
镇压还不如掩埋来得痛快;
镇压还不如掩埋来得痛快,
发什么感慨,这塔是镇压,这坟是掩埋!
再没有雷峰,雷峰从此掩埋在人的记忆中,
像曾经的梦境,曾经的爱宠;
像曾经的梦境,曾经的爱宠,
再没有雷峰,雷峰从此掩埋在人的记忆中!

眉轩琐语

八月

去年的八月：在苦闷的齿牙间过日子；一整本呕心血的日记，是我给眉的一种礼物，时光改变了一切，却不曾抹杀那一点子心血的痕迹，到今天回看时，我心上还有些怔怔的。日记是我这辈子——我不知叫它什么好，每回我心上觉着晃动，口上觉着苦涩，我就想起它。现在情景不同，不仅脸上笑容多，心花也常常开着的。我们平常太容易诉愁诉苦了，难得快活时，倒反不留痕迹。我正因为珍视我这几世修来的幸运，从苦恼的人生中挣出了头，比做一品官，发百万财，乃至身后上天堂，都来得宝贵，我如何能噤默。人说诗文穷而后工，眉也说我快活了做不出东西，我却老大的不信，我要做个样儿给他们看看——快活人也尽有有出息的。

顷翻看宗孟遗墨，如此灵秀，竟遭横折，忆去年八月间（夏历六月十七日）宗孟来，挈眉与我同游南海，风光谈笑，宛在目前，而今不可复得，怅惘何可胜言。

去年今日自香山归，心境殊不于安，记如下："香山去只增添加深我的懊丧与惆怅,眉眉,没有一分钟过去不带着想你的痴情。眉,上山,听泉,折花,眺远,看星,独步,嗅草,捕虫,寻梦——那一处没有你,眉,那一处不惦着你,眉,那一个心跳不是为着你,眉!"另一段:"这时候各人有各人的看法……有绝对怀疑的,有相对怀疑的;有部分同情的,有完全同情的(那很少,除是老金);有嫉忌的,有阴谋破坏的(那最危险);有肯积极助成的,有愿消极帮忙的都有,但是,眉眉听着,一切都跟着你我自身走;只要你我有志气,有意志,有勇敢,加在一个真的情爱上,什么事不成功,真的!"这一年来高山深谷,深谷高山,好容易走上了平阳大道,但君子居安不忘危,我们的前路,难保不再有阻碍,这辈子日子长着哩。但是去年今天的话依旧合用:"只要你我有意志,有志向,有勇气,加在一个真的情爱上,什么事不成功?真的。"

这本日记,即使每天写,也怕至少得三个月才写得满,这是说我们的蜜月也包括在内了。但我们为什么一定得随俗说蜜月?爱人们的生活那一天不是带蜜性的,虽则这并不除外苦性,彼此的真相知,真了解,是蜜性生活的条件与秘密,再没有别的了。

九月十日

国民饭店二十七号房:眉去息游别墅了,仲述一忽儿就来。方才念着莎士比亚 Like as the waves make toward the pebbled shore(像波浪向碎石的岸上冲)那首叹光阴的"桑内德",尤其是末尾那两行,使我憬然有所动于中,姑且翻开这册久经疏忽的日记来,给收上点儿糟粕的糟粕吧。小德小惠,不论多么小,只要是德是惠,总是有着落的;华次华斯所谓 Little Kindnesses(些许的帮助）别轻视它们，它们各自都替你分担着一部分，不论多微细，人生压迫性的重量。"我替你拿一点吧，你那儿太沈了"；他即使在事实上并没有替你分劳，（不是他不，也不是你不让，就为这劳是不能分的。）他说这话就够你感激。

昨天离北京，感想比往常的回迴绝不同。身边从此有了一个人——究竟是一件大事情，一个大分别；向车外望望，一群带笑容往上仰的可爱的朋友们的脸盘，回身看看，挨着你坐着的是你这一辈子的成绩，归宿。这该你得意，也该你出眼泪，——前途是自由吧？为什么不？

九月十九日

今天是观音生日，也是我眉儿的生日，回头家里几个人小叙，吃斋吃面。眉因昨夜车险吃喫，今朝还有些怔怔的，现在正睡着，歇忽儿也该好了。昨晚菱清说的话要是对，那眉儿你且有得小不舒泰哪。

这年头大澈（彻）大悟是不会有的，能有的是平旦之气发动的时候的一点子"内不得于已"。德生看相后又有所憬惕于中，在戏院中就发议论，一夜也没有睡好。清早起来就写信给他忘年老友霍尔姆士，他那诚挚激奋的态度，着实使我感动。"我喜欢德生"，老金说，"因为他里面有火"。霍尔姆士一次信上也这么说来。

德生说我们现在都在堕落中，这样的朋友只能叫作酒肉交。彼此一无灵感，一无新生机，还谈什么"作为"，什么事业。蜜月已经过去，此后是做人家的日子了。回家去没有别的希冀，除了清闲，译书来还债是第一件事，此外就想做到一个养字。在上养父母(精神的,不是物质的),与眉养我们的爱,自己养我的身与心。

首次在沪杭道上看见黄熟的稻田与错落的村舍在一碧无际的天空下静着,不由得思想上感着一种解放:何妨赤了足,做个乡下人去,我自己想。但这暂时是做不到的,将来也许真有"退隐"的那一天。现在重要的事情是,前面说过的养字,对人对己的尽职,我身体也不见佳,像这样下去绝没有余力可以做事,我着实有了觉悟,此去乡下,我想找点儿事做。我家后面那园,现在糟得不堪,我想去收拾它,好在有老高与家麟帮忙,每天花他至少两个钟头,不是自己动手就督饬他们弄干净那块地,爱种什么就种什么,明年春天可以看自己手种的花,明年秋天也许可以吃到自己手植的果,那不有意思?至于我的译书工作我也不奢望,每天只想出产三千字左右,只要有恒,三两月下来一定很可观的。三千字可也不容易,至少也得花上五六个钟头,这样下来已经连念书的时候都叫侵了。

十二月二十七日

我想在冬至节独自到一个偏僻的教堂里去听几折圣诞的和歌,但我却穿上了臃肿的袍服上舞台去串演不自在的"腐"戏。我想在霜浓月淡的冬夜独自写几行从性灵暖处来的诗句,但我却跟着人们到涂蜡的跳舞厅去艳羡仕女们发金光的鞋袜。

十二月二十八日

投资到"美的理想"上去,它的利息是性灵的光彩,爱是建设在相互的忍耐与牺牲上面的。

送曼年礼——曼殊斐儿的日记，上面写着"一本纯粹性灵所产生，亦是为纯粹性灵而产生的书"。——九二七：一个年头你我都着急要它早些完。

读高尔士华绥的《西班牙的古堡》。

麦雷的 AdelPhi 月刊已由九月起改成季刊。他的还是不懈的精神，我怎不愧愤？

再过三天是新年，生活有更新的希望不？

一九二七年一月一日

愿新的希望，跟着新的年产生，愿旧的烦闷跟着旧的年死去。

新月决定办，曼的身体最叫我愁。一天二十四时，她没有小半天完全舒服，我没有小半天完全定心。

给我勇气，给我力量，天！

一月六日

小病三日，拔牙一根，吃药三煎。睡昏昏不计钟点，亦不问昼夜。乍其起怕冷贪懒，东偎西靠，被小曼逼下楼来，穿大皮袍，戴德生有耳大毛帽，一手托腮勉强提笔，笔重千钧，新年如此，亦苦矣哉。

适之今天又说这年是个大转机的机会。为什么？

各地停止民众运动。我说政府要请你出山，他说谁说的，果然的话，我得想法不让他发表。

轻易希冀轻易失望同是浅薄。

费了半个钟头才洗净了一支笔。

男子只有一件事不知疲倦的。

女人心眼儿多，心眼儿小，男人听不惯她们的说话。

对不对像是分一个糖塔饼，永远分不净匀。

爱的出发点不定是身体，但爱到了身体就到了顶点。厌恶的出发点，也不一定是身体，但厌恶到了身体也就到了顶点。

梅勒狄斯写 Egoist，但这五十年内，该有一个女性的 Sir Willoughby 出现。

最容易最难化的是一样东西——女人的心。

朋友走进你屋子东张西望时，他不是诚意来看你的。

怀疑你的一到就说事情忙赶快得走的朋友。

老傅来说我下回再有诗集他替作序。

过去的日子只当得一堆灰，烧透的灰，字迹都见不出一个。

我惟一的引诱是佛，它比我大得多，我怕它。

今年我要出一本文集一本诗集一本小说两篇戏剧。

正月初七称重一百三十六磅（连长毛皮袍），曼重九十。

昨夜大雪。瑞午家初次生火。

顷立窗间，看邻家园地雪意。转瞬间忆起贝加尔湖雄踞群峰，小瑞士岩稿梨梦湖上的少女和苏格兰的雾态。

二月八日

闷极了，喝了三杯白兰地，昨翻哈代的对句，现在想译他的《瞎了眼的马》，老头难得让他的思想往光亮处转，如在这首诗里。

天是在沈闷中过的，到那儿都觉得无聊，冷。

三月十七日

清明日早车回硖石，下午去蒋姑母家。次晨早四时复去送除帏。十时与曼坐小船下乡去沈家浜扫墓，采桃枝，摘薰花菜，与乡下姑子拉杂谈话。阳光满地，和风满裾，致足乐也。下午三时回硖，与曼步行至老屋，破乱不堪，甚生异感。淼侄颇秀，此子长成，或可继一脉书香也。

次日早车去杭，寓清华湖。午后到即与瑞午步游孤山。偶步山后，发见一水潭浮红涨绿，俨然织锦，阳光自林隙来，附丽其上，益增娟媚。与曼去三潭印月，走九曲桥，吃藕粉。

三月十八日

次日游北山，西泠新塔殊陋。玉泉鱼似不及从前肥。曼告奋勇，自灵隐捷步上山，达韬光，直登观潮亭，撷一茶花而归。冷泉亭大吃辣酱豆腐干，有挂香袋老婆子三人，即飞来峰下揭裾而私，殊亵。

与瑞议月下游湖，登峰看日出。不及四时即起。约仲龄父子同下湖而月已隐。云暗木黑，凉露沾襟，则扣舷杂唱；未达峰，东方已露晓，雨亦渖渖下。瑞欲缩归，扶之赴峰，直登初阳台，瑞色苍气促，即石条卷卧如猬，因与仲龄父子捷足攀上将军岭，望保傲南山北山，皆奥昧入云，不可辨识。骤雨欲来，俯视则双堤画水，树影可鉴，阮墩尤珠围翠绕，潋滟湖心，虽不见初墩，亦足豪已。既吐纳清高，急雨已来，遥见黄狗四条，施施然自东而西，步武井然，似亦取途初阳自矜逸兴者，可噱也。因雨猛，趋山半亭小憩看雨，带来白玫瑰一瓶，无杯器，则即擎瓶直倒，引吭而歌，殊乐。忽举头见亭颜悬两联，有"雨后山光分外清"句，共讶其巧合。继拂碑看字，则为瑞午尊人手笔，益喜，因摹几字携归，亦一纪念。

下山在新新早餐，回寓才八时。十时过养默来，而雨注不停，曼颇不馁，即命与出游。先吊雷峰遗迹，冒雨脐其颠而赏景焉。继至白云庵拜月老求签。翁家山石屋小坐，即上烟霞，素餐至佳，饭毕已三时。天时冥晦，雨亦弗住，顾游兴至感勃勃，翻岭下龙井，时风来骤急，揭瑞舆顶，佚子几仆。龙井已十年不到，泉清林旺，福地也。自此转入九溪，如入仙境，翠岭成屏，茶丛嫩芽初吐，鸣禽相应，婉转可听。尤可爱者则满山杜鹃花，鲜红照眼，如火如荼，曼不禁狂喜，急呼采采。迈步上坡，踬亦弗顾，卒集得一大束，插戴满头。抵理安天已阴黑，楠林深郁，高插云天，到此吐纳自清，胸襟解豁。有身长眉秀之僧人自林里走出，殷勤招客入寺吃茶，以天晚辞去。寺前新矗一董太夫人经塔，奇丑，最煞风景，此董太夫人该入地狱。回寓已七时半。

适之游庐山三日，作日记数万言，这一个"勤"字亦自不易。他说看了江西内地，得一感想，女性的丑简直不是个人样，尤其是金莲三寸，男性造孽，真是无从说起，此后须有一大改变才有新机：要从一把女性当牛马的文化转成一男性自愿为女性做牛马的文化。适之说男人应尽力赚出钱来为女人打扮，我说这话太革命性了。邹恩润都怕有些不敢刊入名言录了！

有天鹅绒悲哀的疑古玄同，有时确是疯得有趣。

四月十四日

下午去龙华看桃花,到塔前为止,看不到半树桃花,废然返车。(桃花在新龙华。)入半淞园撮影,风沙涂面,半不像人。

母亲今晚到,寓范园。

琬子常嚷头疼,昨去看医,说先天带来的病,不即治且不治。淑筠今日又带去中医处,话说更凶,孩子们是不可太聪慧了。

曼说她妹子慧绝美绝,她自己只是个痴孩子。(曼昨晚又发跳病痒病,口说大脸的四金刚来也!真是孩子!)

案上插了一枝花便不寂寞。最宜人是月移花影上窗纱。

四月二十日

是春倦吗,这几天就没有全醒过,总是睡昏昏的。早上先不能醒,夜间还不曾动手做事,瞌睡就来了。脑筋里几于完全没有活动,该做的事不做,也不放在心上,不着急,逛了一次西湖反而逛呆了似的。想做诗吧,别说诗句,诗意都还没有影儿,想写一篇短文吧,一样的难,差些日记都不会写了。昨晚写信只觉得一种懒惰在我的筋骨里,使得我在说话上只选抵抗力最小的道儿走。字是不经挑择的,句是没有法则的,更说不上章法什么,回想先前的行礼是怎么写的,这回真有些感到更不如从前了。

难道一个诗人就配颠倒在苦恼中,一天逸豫了就不成吗?而况像我的生活何尝说得到逸豫?只是一样,绝对的苦与恼确是没有了的,现在我一不是攀登高山,二不是疾驰峻坂,我只是在平坦的道上安步徐行,这是我感到闭塞的一个原因。天目的杜鹃已经半萎,昨寄三朵给双佳廑。

我的墨池中有落红点点。

译哈代八十六岁自述一首,小曼说还不差,这一夸我灵机就动,又做得了一首:

残 春

昨天我瓶子里斜插着的桃花,
是朵朵媚笑在美人的腮边挂;
今儿它们全低了头,全交了相——
红的白的尸体倒悬在青条上。
窗外的风雨报告残春的运命,
表钟似的音响在黑夜里丁宁:
"你生命的瓶子里的鲜花也变了样,
艳丽的尸体,等你去收殓!"